어린 왕자와
길을 걷다

어른이 되어 다시 읽는 동화

어린 왕자와 길을 걷다

오소희 지음

북하우스

프롤로그

"진심이 있다고 믿으시나요?"

지난 해 출간을 기념하는 모임에서 한 독자가 물었다. 대답을 기다리는 다른 얼굴들이 사뭇 진지해졌다. 같은 질문을 80년대에 했다면 웃음이 터졌을지도 모른다. 90년대에 했다면 절반만 웃었을지도 모르겠다. 그러나 지금, 우리는 절대 다수가 진심이라는 것이 있는지 몰라 웃지 못한다. 그런 시대에 살고 있다.

만약 이런 질문이었다면 어땠을까? "공기가 있다고 믿나요?" "돈이 있다고 믿나요?" 아마 모두 웃었을 것이다. 같은 질문에 또 다른 단어들을 넣어본다. 진심처럼, 있는지 없는지 확신하지 못해 웃어넘길 수 없는 단어들을. 꿈, 희망, 행복, 베풂, 안식, 우정…….

손끝만 몇 번 두드리면 전국 각지의 별별 물건들을 총알배송으로 불러들일 수 있는 세상이다. 그런데 정작 우리는 꿈, 희망, 안식은 어떻게 불러들여야 할지 잘 알지 못하는 시대에 살고 있다. 그 질문 이후, 나는 꿈, 희망, 안식 같은 말들이 아직 살아 숨 쉬는 곳이 있을까 골똘히 생각에 잠기곤 했다. 어디일까, 그곳은?

답은 우연한 곳에서 왔다. 어느 날 서가에서 누렇게 변색된 『꽃들에게 희망을』을 집어든 순간이었다. 처음 그 동화책을 읽었을 때 나는 소녀였다. 그리고 그때에 그것은 나의 이야기가 아니었다. 다만 한 쌍의 나비가 된 애벌레들의 사랑 이야기였다.

그런데 지금, 그것은 나의 이야기였다. 내가 동화를 멀리한 사이, 나에게 벌어졌던 일들이 거기 고스란히 담겨 있었다. 산처럼 거대한 애벌레 탑을 기어올랐었고, 굴러 떨어졌었고, 나비가 되어 훨훨 날아가는 친구를 부럽게 바라보았었다. 애벌레가 좌절한 그대로 나는 좌절했었고, 애벌레가 희망을 품은 그대로 나는 희망을 품었었다.

그것은 단순한 애벌레들의 사랑 이야기가 아니었다. 바로 내 자신의 인생 이야기였다. 깜짝 놀라서, 그간의 좌절과 희망에 대해 누군가에게 깊이 이해받은 듯 위로에 젖어서, 나는 웅크린 채 엉엉 울고 말았다. 다음으로 집어든 동화도 마찬가지였다. 빨려들었다. 전율했다. 동화책은 마치 예언서처럼 읽혔다.

그러니까 내가 오래전, 이런 삶에 대한 계시를, 생의 예고편을 미리 접했단 말인가. 이토록 감사하고 선명한 가르침을……. 그러고도 전혀 새로운 듯, 아예 모르는 듯, '언제나 처음인 생'을 살아내면서 나의 무분별함과 모자람을 차곡차곡 실험했단 말인가. 곧장 동화책들을 주문했다. 배송될 책들을 기다렸다. 그토록 무언가를 기다려본 것은 실로 오랜만이었다.

어른이 된 이후, 온갖 영화와 책을 접했다. 아프리카의 사바나에서 칠레의 알티플라노까지 세계 구석구석을 여행했다. 고산지대의 몽족부터 사막의 베두인까지 수없이 많은 사람들을 알현했다. 때때로 전쟁이 되는 결혼생활도 엄마 노릇도 어설프나마 버텨내고 있었다. 실은 모든 것이 더는 놀랍지 않은 완만한 생의 중간지대였다. 그런데 글자 그대로 '감동에 떨며' 나는 동화를 기다렸다.

주문한 책을 다 읽었다. 눈물을 닦고 콧물을 닦았다. 그러고도 모자라 어린이 도서관에 가서 앉았다. 사실상 출근을 했다. 과자를 입에 문힌 채 도서관 바닥을 기어다니던 아기가 내 옷자락을 잡아당기곤 했다. 뛰어다니는 어린아이들, 책 읽어주는 엄마의 또랑또랑한 목소리 사이에서도 동화는 여러 번 생생하게 나를 소름끼치게 했다.

나에게 진심이 없다면 그것을 어디쯤에서 떨어뜨렸는지 동화가 알려주었다. 나에게 행복이 없다면 그 또한 어디쯤에서 잃어버렸는지 동화가 알려주었다. 동화는 그림으로 된 '인생 지도'였다. 그 안에 잃어버린 모든 것들의 좌표가 들어 있었다. 꿈, 희망, 행복, 베풂, 안식, 우정…….

소녀였을 때, 나는 꿈과 희망으로 눈앞이 충만하여 그 지도의 독법을 알지 못했다. 어른이 되는 와중에, 나는 꿈과 희망을 잃어버리며 비로소 지도의 독법을 터득하게 된 것이다. (이 공짜 없는 인생이라니!) 다시 읽는 동화는 곳곳에 흩어진 생의 잃어버린 좌표들을 향해서 단숨에 내 손을 잡아 이끌었다. 나는 꿈을 만나 소중하게 꿈을 쓰다듬었다. 또 희망을 만나 뜨겁게 희망을 포옹하였다.

어른이 되면 반드시 두껍고 어려운 책을 읽어야 한다고 누가 말했는가? 동화는 독서가 어려워진 이 시대에, 진심이 있는지 잘 모르는 이 시대에, 친절하게도 '인생 지도'를 건네준다. 길 잃은 어른들을 위한 가장 아름답게 요약된 진실로서.

동화의 숲 속에서, 나는 다행히 헨젤과 그레텔이 떨어뜨린 빵 조각을 비둘기가 완전히 물고 가버리기 전에 몇 조각 주워 호주머니에 넣을 수 있었다. 해가 지고 그들이 집을 찾아 돌아올 즈음이면 나는 그 빵 조각을 도로 제자리에 놓아 둘 것이다. 하지만 지금 당장은 호주머니에 든 이 몇 조각만으로도 한결 살 만해졌다. 참 좋다. 그러니 어른이 되어버린 당신, 어서 이 숲으로 오라.

차례

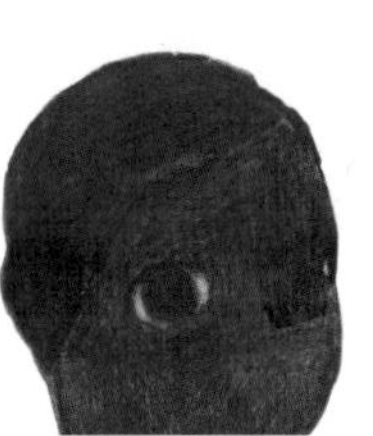

그들은 마음을 말했다

나의 라임 오렌지나무

J.M. 바스콘셀로스 지음

"'계산'은 이미 내 몸에 익어 있었다.
그것은 내가 태어난 곳에서의 생존방식이었다.
계산할 줄 모르는 사람들 사이에서
끊임없이, 저절로, 계산을 한다는 것은 슬픈 일이었다."

세상의 모든 아이들이 선물을 기대하는 크리스마스 날, 제제는 선물을 받지 못한다. 낙담한 제제는 "아빠가 가난뱅이라서 진짜 싫어"라고 내뱉고 만다. 우연히 아빠가 이 말을 듣게 되었다. 제제는 너무나 미안해서, 도리어 아빠에게 크리스마스 선물을 사드리기 위해 구두닦이를 하러 나선다. 이때 고급 승용차 한 대가 제제 곁에 가까이 멈춰 선다.

잘 차려입은 부인과 뒷자리에 앉아 있던 아이들이 나를 내다보았다. 그 부인의 마음이 동요한 것 같았다.

"가엾어라. 저렇게 어린애가……. 어쩜 저렇게 가난하대요. 아르뚜르, 재를 좀 도와주세요."

그러나 남자는 의심스럽다는 듯 나를 훑어봤다.

"약은 녀석들이 잔꾀를 부리는 거야. 어리다는 것하고 오늘이 크리스마스라는 걸 이용하고 있는 거라고."

"그래도 전 뭘 좀 줘야겠어요. 이리 와라, 꼬마야."

그리고 핸드백을 열어 창 너머로 손을 내밀었다.

"고맙지만 싫어요. 저는 속이고 있는 게 아니에요. 돈이 정말로 필요하니까 크리스마스에도 일하는 거예요."

나는 구두닦이 통을 어깨에 둘러메고 천천히 걸어갔다.

『나의 라임 오렌지나무』, J. M. 바스콘셀로스 지음, 박동원 옮김, 동녘

『나의 라임 오렌지나무』는 1968년 발표되었다. 그러나 바로 위의 풍경은 지금도 세계 각지에서 흔히 볼 수 있는 풍경이다. 당시에 비하면 세상이 몹시 풍요로워진 것 같지만, 풍요로움은 여전히 한정된 지역과 계층에만 해당되는 이야기일 뿐이다. 제3세계를 여행하면서 나는 수없이 많은 '제제들'을 만났다. 안타깝게도 대부분의

제제들은 여인의 핸드백 앞에 고개를 숙인다. 1초도 망설이지 않고 거짓말을 늘어놓는다. 그러나 간혹 다른 제제들도 있다. 돈에 굴복하지 않는 제제들. 구두 통을 한 번 더 들쳐 멜지라도, 빳빳이 고개를 쳐들고 자존감을 수호하는 제제들. 그들은 돈이 신이 되어버린 세상에 당돌한 질문을 던진다. "당신의 신도 돈입니까?"

소년은 관광사진을 팔았다. 시리아의 팔미라에서였다. 내가 저녁 무렵 식당의 야외 테이블에 앉아 있을 때, 소년이 다가와 한 묶음의 사진을 내밀었다. 팔미라의 유적들이 인쇄된, 이미 누렇게 바랜 사진들이었다. 그때 나는 온종일 유적들을 카메라에 담은 뒤였기에 테이블 위에 놓인 카메라를 가리키며 반쯤의 거절과 반쯤의 미안함이 담긴 미소를 지었다.

"오! 오케이……."

소년은 그렇게 말했지만, 사진을 거두지는 않았다.

"이름이 뭐니?"

"하니."

"몇 살이야?"

"열다섯."

열다섯 살 치곤 작은 몸피의 아이는 아들 중빈의 총에 자꾸 눈길을 주었다. 소년의 사진 꾸러미 옆에도 낡은 장난감 총이 매달려 있었다. 중빈도 그 총에 시선을 고정시키고 있었다. 잠시 뒤 중빈과 소년은 서로 총을 맞바꾸었다. 중빈은 무조건 새로운 총이면 흡족한 꼬맹이였으나, 소년은 자신의 낡은 총을 새것과 다름없는 중빈의 총과 바꾸는 것이 부담스러운 모양이었다. "정말 바꿔도 되겠어요?" 하고 몇 번이나 확인했다. 진중한 소년이었다. 내가 더 말을 걸었다.

"늦은 시간인데도 사진을 파네."

"학교에 다녀온 뒤에 사진을 팔러 나오거든요."

"피곤하진 않고?"

소년은 쉽게 질문의 의도를 간파했다. 섣부른 동정은 사절한다는 듯 반문했다.

"당신은 일할 때 힘들지 않나요?"

"좋을 때도 있고 힘들 때도 있지."

"그렇다면, 나도 그래요. 일한다는 게 다 비슷하지 않나요?"

소년이 마음에 들었다.

"앉을래?"

"내가요?"

"그래."

"여기요?"

"그래."

소년은 조금 상기된 얼굴로 앉았다. 그러다, 그만 내 주스 잔을 넘어뜨렸다.

"아, 미안해요!"

"괜찮아, 괜찮아."

"정말이지, 미안해요!"

"정말 괜찮다니까. 누구나 실수를 하잖니. 그리고 난 특히 더 자주 해."

주스로 얼룩진 내 수첩을 털던 소년이 고개를 들어 나를 바라보며 씩 웃는다. 단단하게, 잘생긴 얼굴이다.

식당 주인 남자가 뛰어나와 소년을 쫓아내려 한다.

"내가 앉도록 청했어요."

그래도 그는 마땅찮은 얼굴이다. 낮에도 온갖 동네 아이들이 나와 아들에게 몰려들었다. 그때에도 파리 쫓듯 그들을 쫓아내는 주인과 나는 실랑이를 벌여야 했다.

"네 얼굴을 찍고 싶은데, 괜찮겠니?"

대답 대신, 소년이 고개를 높이 쳐든다.

"아기를 데리고 혼자 여행하는 게 무섭지 않나요?"

"아니. 이런 것에 익숙하단다."

"다마스쿠스에서도 무섭지 않았나요?"

"전혀. 내가 가본 가장 멋진 도시 가운데 하나였어."

소년에게 수도 다마스쿠스란, 그 옛날 '서울 가면 눈 깜짝할 사이 코 베어간다'라는 말 속의 바로 그 서울일 것이다.

"매일 관광객들을 보지만, 이렇게 어린아이랑 여행하는 사람을 본 적이 없어요."

"나도 그래."

우리는 같이 키득거렸다. 당시 아들은 그들 나이로 네 살이었다.

다마스쿠스에도 가보지 못한 소년은 여섯 나라의 말을 할 수 있다고 했다. 모두 혼자 배웠다고 했다. 아주 어릴 적부터 사진을 팔기 시작했고, 세계 각지에서 온 관광객들을 통해 자연스럽게 그 많은 나라의 말을 익혔다고 했다. 뛰어난 언어감각을 증명이라도 하듯, 소년은 한국어 인사를 묻고는 정확한 발음으로 '안녕하세요' '감사합니다'를 따라 해냈다.

"누구나 디지털카메라를 들고 다니는데, 사진 팔기가 점점 어려워지지는 않니?"

"그렇긴 하지만…… 친구에게 선물로 주기 위해 사기도 하니까요."

소년에게 핸드폰으로도 간단히 사진을 보낼 수 있다는 말은 하지 않았다. 6개 국어를 하는 재능이 아무에게나 있는 것은 아니란 말도 하지 않았다. 소년을 귀찮게 생각하는 사람들을 상대로 빛바랜 사진을 놓고 흥정하는 데에만 쓰이기엔 넘치는 재능이란 말도. 나는 소년에게 하고 싶은 말들을 자꾸 삼켰다. 이곳은 시리아이고, 사회주의의 틀을 벗어버린 지 얼마 되지 않은 이곳에서는 내가 걱정하거나 우선시하는 것과는 다른 것이 아직도 삶의 우선순위에 놓이는 까닭이다.

이를테면 삼륜차 운전사 압둘은 단 하나뿐인 그의 아기 사진을 내게 주었다. 그에게는 소중한 사진일 터이므로 나는 거절했다. 심지어 그 사진을 다시 카메라로 찍어 보이며 이제 내게도 있으니 줄 필요가 없다는 것까지 설명해주었다. 마침내 그는 화를 냈다.

"나는 당신의 친구로서, 무언가 당신에게 주기 위해 이곳에 있는데 당신은 왜 그리 친구의 마음을 꺼리나요?"

하여, 그와 헤어지기 전날 밤 나도 그에게 무언가 줄 것이 없는가를 찾아보았다. 마음이 담긴 무언가 없을까를. 그러나 가방 안의 것들을 하나하나 꺼내놓으며 내 차가운 머리는 계산하고 있었다. 이것은 아이가 아플 때 필요하고, 이것은 비가 올 때 필요하고, 또 이것은…… 조금은 절망적인 마음으로, 나는 그에게 줄 것이 하나도 없음을 알았다. 아무리 여행 중이라지만 내게는 모든 것이 다 필요했다. 압둘은 내게 '하나뿐인 것'을 주었는데, 나는 또 다시 '남는 것'을 찾아 뒤적거리고 있었던 것이다.

소년이 처음 사진 꾸러미를 내밀었을 때에도 마찬가지였다. 사진은 단돈 천 원이었으므로 문제는 돈이 아니었다. 나는 내게 필요 없는 것을 이미 꽉 찬 가방 안에 꾸역꾸역 밀어넣고 다닐 것이 싫었던 것이다. 손해를 보지 않으려는 계산, 불편함을 겪지 않으려는 계산은 이미 내 몸에 익어 있었다. 그것은 내가 태어난 곳에서의 생존방식이었다. 계산할 줄 모르는 사람들 사이에서 끊임없이, 저절로, 계산을 한다는 것은 슬픈 일이었다.

우리의 계산 속에서 그들은 어리석었다. 앞뒤를 잴 줄 몰랐고 우열을 가릴 줄 몰랐다. 감상적이었고 비효율적이었다. 내가 그들의 감상을 예의 바르게 거절할 때마다 그들은 '마음'을 말했다. 내가 그들의 비효율을 언짢게 지적할 때마다 그들은 또 '마음'을 말했다. 그리하여 그들과는 다른, 세상 저편의 우선순위를 가진 나는 그들의 무계산 속에서 몇 번의 당혹과 부끄러움 뒤에 입을 다

물어버렸다.

소년에게도 마찬가지였다. 나는 그의 미래와 장래에 대하여 그 어떤 충고도 할 자격이 없는 사람이었다. 그들이 누차 말하는 그 마음, 우리가 잠시 스치고 지나가는 고마움이나 순간적인 우정 같은 것들, 그들은 그 모든 마음의 결들을 붙들고 놓지 않았다. 우리가 TV나 자동차를 소유하고 들여다보며 기뻐하듯이, 그들은 그 마음을 현물화하여 계속해서 들여다보며 기뻐하였다.

밤이 늦어 소년이 일어서면서, 내게 처음 내밀었던 그 사진 꾸러미를 다시 내밀었다. 소년은 어깨를 당당히 펴며 말했다.

"선물이에요. 중빈에게 주세요."

이미 마음을 받는 법을 터득한 뒤였으므로, 나는 두말없이 받았다.

"고마워."

그 순간 오고간 마음을 그들처럼 오래오래 들여다볼 수 있기를 바라면서.

에드문두의 집

나의 라임 오렌지나무

J. M. 바스콘셀로스 지음

"그 순간,
누군가 내 손을 잡고 하는 말이,
그 말에 담긴 진심이,
뜨거운 피처럼 흘러 심장을 건드렸다.
그곳이 장례식장이기 때문이었다."

가난한 제제의 집에서는 크고 작은 생계의 소동이 끊이지 않았다. 제제가 이 소동에서 탈출해 찾았던 곳은 에드문두의 집이었다. 연금 덕분에 평화로운 노년을 보내고 있던 에드문두의 집으로 가면, 폭풍이 멈춘 듯 사방이 고요해졌다. 에드문두는 한가로이 신문을 뒤적거리다 말고 제제와 이야기를 나눴다. 제제가 글을 읽을 줄 안다는 것을 처음 발견한 사람도, 제제에게 시인들의 사진을 처음

보여준 사람도 에드문두였다. 그러니까 에드문두의 집은, 시인의 심장을 지닌 제제가 생활고 때문에 마음 가장 아래서랍에 꾹꾹 눌러 닫아두어야 했던 시어들이 불쑥 튀어나와도 좋은 곳이었다.

"그럼, 금요일에 시내에서 '달빛' 하나만 사다 주실래요?"

"잠깐만, 제제. '달빛'이 뭐냐?"

"영화에 나오는 하얀 말이요. 말 주인은 프레드 톰슨이고요. 길들인 말이에요."

"나무 바퀴가 달린 장난감 망아지 말이냐?"

"아니요. 나무로 된 말 머리에 막대기와 고삐를 단 망아지요. 그걸 다리 사이에 끼고 달릴 수 있어요. 나중에 영화에 나오려면 미리 연습을 해야 하거든요."

아저씨는 계속 웃고 있었다.

"알겠다. 그걸 사다 주면 넌 뭘 해 줄래?"

"좋은 걸 해 드릴게요."

"뽀뽀 말이냐?"

"저는 뽀뽀 별로 안 좋아해요."

"그러면, 껴안아 줄 테냐?"

문득 에드문두 아저씨가 너무 안됐다는 생각이 들었다. 내 마음속의 작은 새가 내게 뭔가를 일러 주었다. 그것은 사람들이 아저씨에 대해 하던 말들이었다. 아저씨는 아내와 다섯 자녀들과 헤어져 혼자 살고 있었다. 홀로 사는데다가 걸음도 아주 느렸다. 아저씨가 천천히 걷는 게 혹시 자식들에 대한 그리움 때문은 아닐까? 아저씨의 자녀들은 아저씨를 만나러 온 적이 한 번도 없었다.

『나의 라임 오렌지나무』, J. M. 바스콘셀로스 지음, 박동원 옮김, 동녘

제제처럼 우리는 마음속에 작은 새를 지니고 태어난다. 그것이 노래하기 시작하면, 누구라도 시인이 된다. 어릴 적 그것은 꽤 자주 노래했을 것이다. 그러나 조금씩 사회적 틀에 맞춰 마음도 네모반듯하게 깎이면서, 우리는 새를 품어줄 여백을 갖지 못한다. 새는 딱딱한 모서리 속에 갇혀 기다리다가, 외로워하다가, 시나브로 노래를 멈춘다. 마음속 작은 새가 노래를 멈춘 사람은 에드문두의 걸음걸이 같은 것을 바라보지 않는다. 걸음걸이로부터 그의 그리움을 헤아리는 일 같은 건 더더욱 드물어진다. 타인의 걸음걸이는커녕 자신이 갈지자로 걷고 있는지조차 눈치채지 못한 채 아픈 발을 질질 끌며 하염없이 걷는다.

그래서 더더욱 세상의 어른들에게는 에드문두의 집이 필요하다.

마음 서랍의 맨 아래칸이 활짝 열리는 공간. 열린 서랍에서 새가 날아오르고 시어가 튀어나오는 공간. 장례식장에서, 나는 종종 에드문두의 집을 방문한 제제처럼 작은 새의 소리를 듣는다.

그리고 털썩, 흔들린다.

외할아버지가 돌아가셨다. 건강하게 장수를 누리셨던 분의 호상이었기에 큰 눈물이나 곡 없는 장례식이었다. 내 나이 서른 중반을 넘어서면서부터, 결혼식보다는 장례식이 더 잦아졌다. 결혼한 여자들이라면 다 그렇겠지만, 나 또한 명절마다 시댁 일에 쫓기다보니 뜻하지 않게 친정 쪽 친지들과는 묘한 인연이 되었다. 장례식장에서만 뵙게 되는 것이다.

자정 무렵 문상객들이 뜸해졌다. 그러자 상복 차림의 두 외숙모가 한쪽 구석에 숨어 맥주를 따랐다. 한 분은 작년 봄 남편을 잃었고 다른 한 분은 지난 봄 아들을 잃었다. 말하자면, 지난 몇 년간 뵐 때마다 이분들 가운데 한 분은 상복 차림이었다. 뵐 때마

다 지울 수 없는 상처가 하나씩 늘었다. 하지만 한 번도 크게 우는 모습을 본 적은 없다. 그저 늘 눈가가 붉고 축축하였다. 불가항력의 슬픔을 인내한다는 것은 아마도 격하게 토해내는 것과는 다른 성질의 것인 듯했다. 팔과 다리를 몸에 붙이고 살아가듯이 '슬픔이라는 장기臟器'를 담담히 몸의 일부로 품고 살아가는 일이 아닐까.

돌아가신 시아버지께 조금이라도 누가 될까, 외숙모들은 영안실에서 조금 떨어진 통로 쪽 구석에 앉아 작은 종이컵에 반도 안 되게 맥주를 채웠다. 그리고 멋쩍게 웃으며 들이켰다. 두 여인의 얼굴에는 이제 어설픈 어휘나 마음 짐작으로는 위로할 수 없는 '저 세상'의 일부가 담겨 있었다. 저간의 사연들이야 말술로도 달래질 리가 만무하건만, 평생을 조신하게 살아온 그녀들의 뺨은 반 잔 정도의 객기로도 금세 붉어졌다.

아들을 잃은 외숙모가 내 손을 꼬옥 잡았다.

"소희야. 애 하나만 더 낳아라. 응? 꼭 하나만 더 낳아……."

아이를 하나만 둔 내게 하나 더 낳으라는 말은 지나가는 할머니도 참견 삼아 던지곤 했던 말이다. 그러나 그 순간, 누군가 내 손을 잡고 하는 말이, 그 말에 담긴 진심이, 뜨거운 피처럼 혈관을 타고 흘러 심장을 건드렸다. 바로 얼마 전 두 아들 가운데 하나를 잃은 여인이 하는 말이었기 때문이다. 그리고 그곳이 장례식장이었기 때문이다.

장례식장은 '살아감의 폭풍'이 멈추는 곳이다. 그곳에서 우리는 삶이 멈추는 그날에 대해 예감한다. 제제처럼 마음의 아래서랍에 꾹꾹 눌러둔 이야기가 불쑥 튀어나와버린다. 생활에 휩쓸려 울지 않게 된 새가 고개를 쳐든다. 우리는 비로소 갈지자로 질질 끌며 걷고 있는 아픈 발을 들여다본다. 그러고 나면 외숙모처럼, 앞에 앉아 있는 이의 아픈 발도 진심 어린 손길로 어루만지게 되는 것이다.

나는 선뜻 대답을 못하고 애매하게 고개를 숙였다. 외숙모에게 장기처럼 자리 잡은 '저 세상'의 일부가 아직 내게는 자리 잡지 않았기 때문이었다. 여전히 '이 세상'의 출렁임에 들썩대느라 마음이 바쁘기 때문이었다. 에드문두의 집에 들어와서도, 밖에 놓고 온 것들 생각에…….

외숙모는 다 알고 있다는 듯 오랫동안 손을 놓지 않았다. 말이 없는 그러나 뜨거운 설득처럼. 나는 바보같이 그대로 있었다. "네"도 아니고 "아니오"도 아닌 채로. 따스한 외숙모의 손 안에서 못난 손만 데워졌다.

어머님의 드레스

나의 라임 오렌지나무

J.M. 바스콘셀로스 지음

"거기, 새 옷을 입어도 더 예뻐지지 않는
여인이 앉아 있었다.
어떤 옷을 입어도 다만 세월의 무게를
입을 뿐인 존재가 앉아 있었다.
어머님은 아무런 존재감 없이
풍경 속에 파묻혀 계셨다."

가난한 이들에게 '의식주'란, 반복적인 일상이 아니다. 도전 그 자체다. 그들 삶의 기록 전체가 먹고 입고 누울 자리를 찾기 위한 전투 일지와 다를 바 없다. 이 치열한 전투에서 살아남기 위해서는 반드시 따라야 할 규칙이 있다. 첫째, 일할 것. 둘째, 아낄 것. 셋째, 헛꿈 꾸지 말 것.

시와 노래와 공상을 좋아하는 '어린 예술가' 제제는 특히 세 번째 항목에서 자주 걸려 넘어졌다. 꿈을 꾸었고 일을 벌였다. 이것은 다른 가족들에게 몹시 성가신 일이었다. 그들은 예사로 제제를 악마라 불렀다. 마구잡이로 때리기도 했다. 그러나 제제는, 애초에 심어진 운명의 씨앗이 '꿈'인 것처럼, 그래서 살아갈 날들도 결국 꿈인 것처럼, 꿈을 포기하지 않았다. 그 여름밤에도 제제는 대문 앞에 앉아 꿈을 꾸었다. 종일 공장에서 일하고 돌아오는 엄마를 기다리면서.

"그런데 우리 제제가 웬일로 날 마중 나왔을까?"

엄마는 뭔가 눈치 챈 것 같았다.

"엄마, 엄마는 그래도 아주 조금은 절 사랑하시죠?"

"다른 애들과 똑같이 너를 사랑해요. 그런데 왜?"

"엄마, 나르딘뉴가 누군지 아세요? '안짱다리'의 조카 말예요."

엄마는 빙그레 웃었다.

"알 것도 같다."

"엄마, 그 애 엄마가 그 애한테 양복을 해 주셨던 게 있거든요. 아주 멋져요. 초록에 하얀 줄이 있는 거요. 목까지 단추를 잠그는 조끼도 있어요. 그런데 그게 걔한테 작아졌대요. 그리고 그 애한테는 그걸 물려줄 동생도 없고요. 그래서 팔려고 한대요. 엄마가 사 주실래요?"

"아이고, 얘야! 우리 형편이 어렵잖니?"

"돈은 두 번에 나눠서 내도 된대요. 그렇게 비싸지도 않아요. 품삯은 내지 않는 거나 마찬가지예요."

나는 전당포 주인 자꼽이 하는 말을 되풀이했다.

엄마는 잠시 계산을 하는 것 같았다.

"엄마, 난 우리 반에서 공부를 가장 잘해요. 선생님이 그러는데 내가 우등상을 탈 거래요. 사 주세요, 엄마. 새 옷을 입어 본 지 얼마나 오래된 줄 아세요……."

엄마가 계속 잠자코 있어서 나는 더욱 조바심이 났다.

"생각해 보세요, 엄마. 그 옷이 아니면 생전 시인의 옷은 못 입어 볼 거예요. 그걸 사 주시면 랄라 누나가 비단 헝겊 조각으로 이렇게 큰 나비넥타이를 만들어 줄 거예요."

"알았다, 얘야. 일주일 동안 밤일을 해서라도 사 주마."

『나의 라임 오렌지나무』, J. M. 바스콘셀로스 지음, 박동원 옮김, 동녘

예나 지금이나, 브라질이든 한국이든, '난 반에서 공부를 가장 잘해요'라고 말하는 자식을 이길 엄마는 없다. 결국 제제는 시인의 옷을 입는다. 한 번도 시를 읽어본 적 없는 노동자 엄마의 살과 피

로 구한 옷을.

제아무리 가난해도, 부모가 있는 아이들은 어떻게든 옷을 얻어 입기 마련이다. 그러므로 나는 시선을 옮겨 생각해본다. 제제의 엄마는 어떤 옷을 입고 있었을까? 종일 새 옷을 만들어내는 방적기의 열기 속에서, 녹아내릴 듯 땀에 젖어 있었을 그녀의, 낡은, 옷.

설 전날이었다. 시댁은 종갓집이라 명절마다 바빠진다. 일손은 형님과 나뿐. 어머님은 어느덧 연로해지셔서 주로 소파에 앉아 계신다. 목욕탕에 간 남자들이 점심을 해결하고 들어오겠다는 연락을 해왔다. 여자들끼리 간단히 점심을 때우기 위해 떡국을 끓였다.

어머님이 건너편에서 떡국을 후후 불고 계실 때였다. 갑자기 나는 어머님의 저 모습을 매년 보았다는 것을 깨달았다. 그러니까 어머님이 명절 때마다 똑같이 부스스한 짧은 파마머리에 똑같이 보라색 홈드레스 차림이었다는 것을 깨달은 것이다. 작년에도, 재작년에도, 그 전해에도, 그 전전해에도, 어쩌면 내가 처음 시집왔던 16년 전에도!

“어머님, 그 홈드레스 언제부터 입으셨어요?”

“이거?”

어머님은 내 질문의 의도를 알아채셨는지, 부끄럽다는 듯 입을 가리셨다.

“내가 이거 산 지…… 가만…… 하매 보자……. 사당동 살 때 시장에서 샀으니…… 30년 됐다.”

하지만 어머님은 드레스 원단이 좋아서 아직도 새것 같다고 하셨다. 구입 당시에도 완전히 싸구려는 아니어서 주머니에 바이어스 처리까지 되어 있다며 자랑스럽게 주머니를 뒤집어 보이셨다.

“30년이라곤 해도 명절 때만 입었으니 새 옷이나 다름없다.”

무심해라. 어머님의 명절 유니폼을 알아채는 데 장장 16년의 세월을 흘려보내다니. 그나마 나 이외엔 아직 아무도 눈치채지 못했으니, 어머님의 옷차림 같은 건 대가족의 왁자함 속에서 별로 눈에 띄지 않는 존재였던 것이다. 비단 옷뿐만이 아니었을 것이다. 어머님의 모든 기호와 욕구가 실은 그런 식으로 존재해왔다. 일하고, 아끼고, 헛꿈 꾸지 않으려는 당신만의 전투 속에서.

어머님이 시집올 즈음, 한때 부유했던 시댁의 가세는 기울 대로 기울어 있었다.

"사람 수만큼 숟가락도 없더라."

어머님은 종종 당시의 충격을 그렇게 표현하시곤 했다. 어머님의 친정은 부유했다.

"동네에서 중학교에 다닌 여자도, 비로드 세라복을 입은 것도 나 하나였지."

그러다 스물둘에 가난한 종갓집으로 시집오면서 모든 것이 뒤바뀌었다. 시할머니에, 시부모에, 여덟 시동생에, 그 많은 제사까지 넘겨받았다. 어머님은 평생 일 원짜리 동전 하나도 아끼며 살았다. 쌀 한 톨도 흘리지 않으며 살았다. 뼈에 구멍이 숭숭 뚫리도록 대충 먹고 많이 일했다. 한쪽 눈이 멀도록 병원비 때문에 병원을 찾지 않았다. 노년이 된 어머님에게는 중증 골다공증과 시각장애인 카드가 남겨졌다. 가족을 위해서라면 뼈가 닳아 없어져도 아깝지 않다는 듯, 눈 하나쯤 뽑아주어도 아깝지 않다는 듯, 어머님은 말씀하시곤 했다.

"장애인 혜택을 받아서 이젠 차를 살 때 할인이 된단다. 주차도 편하고!"

하지만 결국 짐이 되어 미안하다는 듯 말씀하시곤 했다.

"이래 여기저기 아프면 안 되는데. 말썽 없이 빨리 죽어야 할 낀데. 절대 오래 살면 안 될 낀데."

설을 하루 앞둔 그날 저녁, 나는 집으로 돌아와 친정 엄마와 통화하던 끝에 여쭈었다.

"…… 그런데 엄마. 어르신들이 좋아하실 만한 홈드레스는 어디 가면 살 수 있을까?"

친정 엄마는 사정 얘기를 전해 듣고 흔쾌히 말씀하셨다.

"걱정 마라. 내가 구해놓을게."

설이 지나고, 여느 때처럼 시부모님을 며칠간 우리 집으로 모셨다. 친정 엄마가 준비해주신 홈드레스 두 벌이 어머님을 기다리고 있었다.

"오시느라 힘드셨죠? 앉아서 쉬세요."

내 말에 어머님은 소녀 같은 설렘을 담아 말씀하셨다.

"아이다. 옷부터 입어봐야 된대이."

우리는 깔깔 웃었다. 어머님은 소파에 앉자마자 홈드레스 두 벌을 받아들고 번갈아 입어보셨다. 하나는 꽃분홍색이었고, 다른 하나는 자주색이었다. 보너스로 머플러도 있었다. 어머님은 표준 할머니 체형인 듯 수선할 데 하나 없이 기분 좋게 들어맞았다.

"이야, 우리 어머니 피팅 모델 하셔도 되겠어요."

어머님은 연신 흡족한 미소를 지으셨다. 세월에 굳어진 얼굴에 그토록 해맑은 즐거움이 어리는 건 실로 오랜만이었다. 왜 이런 즐거움을 더 자주 드리지 못했을까. 그동안 나는 한 번도 어머님이 쇠고기보다 홈드레스를 더 반길 거라는 생각을 해보지 않았던 것이다.

"이 자주색은 지금 입고 분홍색은 봄에 입으면 되겠대이."

우리는 머플러를 드레스에 이렇게 저렇게 묶어보며 계집아이들처럼 한바탕 깔깔댔다.

짧은 소동이 끝났다. 어머님은 자주색을 입으시고 꽃분홍색은 정성스럽게 개켜놓으셨다. 나는 저녁을 준비하는 주부로 돌아갔고, 어머님은 정적 속에 멍하니 앉아 계셨다. 내가 바삐 쌀을 안치고 찬을 만드느라 정적이 길어졌다.

얼마간 시간이 흐른 뒤, 무심코 고개를 들어 소파 쪽을 바라보았다.

"아."

나는 짧은 외마디를 뱉었다. 거대한 종을 울릴 때처럼 둔중한 타격이 가슴을 쳤다. 거기, 새 드레스를 입은 어머니가 30년 된 드레스를 입었을 때와 완벽하게 똑같은 채로 앉아 계셨다. 새 옷을 입어도 더 예뻐지지 않는 여인이 앉아 있었다. 어떤 옷을 입어도 다만 세월의 무게를 입을 뿐인 존재가 앉아 있었다. 생의 막바지

지점에 이르면, 늙음은 놀라우리만치 강력해져서 조금이라도 젊어지려는 시도를 손쉽게 무화시킨다. 죽음의 진한 그림자로 흐릿한 생기의 빛줄기마저 집어삼킨다. 어머님은 –지난 삼십 년간 눈에 띄지 않았던 그대로– 아무런 존재감 없이 풍경 속에 파묻혀 계셨다. 남겨진 시간들을 하릴없이 녹여내면서.

나는 어머님이 제제의 엄마처럼 시 한 줄 읽어볼 틈 없이 살아왔다는 것을 알고 있다. 살과 피로 옷을 지어 자식들에게 입혔다는 것도 알고 있다. 당신을 위해 제대로 한 번 시간을 내기도 전에 '남겨진 시간'이 먼저 와버렸다는 것도. 끝까지 불공정한 삶이란 것도 있는 것이다.

눈시울이 뜨거워져서, 나는 정적을 잠시나마 밀어내고 싶어졌다.

"어머님, 중빈이가 오늘 할머니 할아버지랑 같이 잔대요."

어머님은 손자가 화제에 오르면 언제나 무조건적으로 웃고 보신다. 중빈은, 말하자면, 남겨진 시간이 다한 뒤에도 싱싱하게 살아 있을 어머님의 살과 피다.

"곧 6학년이 되는데도 할머니 할아버지 앞에선 마냥 재롱둥이예요."

어머님의 웃음소리가 커졌다. 사금파리 같은 젊음이 아주 잠깐 '반짝'했다.

그런 사랑도 있다

아낌없이 주는 나무

셸 실버스타인 지음

"은행나무의 연주 속에서
밤은 더할 나위 없이 완벽해졌다.
누구든, 어떤 상처를 입었든,
그런 밤에는 만물이 조건 없이 아문다."

오래전, 나무 한 그루가 있었다. 나무는 소년을 사랑했다. 소년은 날마다 나무를 찾아왔다. 나무를 타고 열매를 먹으며 놀았다. 지치면 나무그늘 아래서 낮잠을 잤다. 둘은 더없이 좋은 친구였다. 시간이 흘렀다. 소년은 더 이상 어리지 않았다. 다른 즐거운 것들이 많아졌다. 나무는 혼자 남겨졌다. 소년은 오직 가져갈 것이 있을 때에만 나무를 찾았다.

청년이 된 소년은 나무에게 돈을 요구했다. 나무는 돈으로 바꾸라며 열매를 주었다. 중년이 된 소년은 집을 요구했다. 나무는 집을 지으라며 가지를 주었다. 장년이 된 소년은 멀리 떠날 배 한 척을 요구했다. 나무는 배를 만들라며 기둥을 통째로 주었다. 제목처럼, 나무는 '아낌없이' 주었다. 줄 수 있어 도리어 행복하다고 했다. 다시 오랜 시간이 지난 뒤 노인이 된 소년이 돌아왔다.

"미안해."
나무는 한숨을 지었습니다.
"무언가 너에게 주고 싶은데……
내겐 남은 것이 아무것도 없단다.
나는 그저 늙어 버린 나무 밑동일 뿐이야. 미안해……."
"이젠 나도 필요한 게 별로 없어.
그저 편안히 앉아서 쉴 곳이나 있었으면 좋겠어.
난 몹시 피곤하거든."
소년이 말했습니다.
"아, 그래."
나무는 안간힘을 다해 몸뚱이를 펴면서 말했습니다.
"자, 앉아서 쉬기에는 늙은 나무 밑동이 그만이야.

애야, 이리로 와서 앉으렴. 앉아서 쉬도록 해."

『아낌없이 주는 나무』, 셸 실버스타인 지음, 이재명 옮김, 시공주니어

이 책을 처음 읽었던 건 중학교 졸업을 앞둔 무렵이었다. 동네서점에서 우연히 펼쳐들었다. 얇은 책이었다. 아름다운 삽화를 음미한다 해도 10분이나 걸릴까. 그 자리에서 다 읽었다. 선 채로 읽었고, 선 채로 소리 없이 울었다.

강렬하고 강력한 책이다. 그 어떤 자극적인 표현도 없이, 반전도 없이, 그저 '나뭇가지, 열매, 소년' 같은 어휘 몇 개로 대번에 독자의 눈물을 끌어낼 수 있는 책이 인류 역사상 몇 권이나 될까. 그것도 세대와 세대를 거듭해서 말이다.

아들아이가 열두 살이 되었을 때 이 책을 읽어주었다. 사내아이인지라, 책을 덮었을 때 그 옛날의 나처럼 울지는 않았다. 대신 충격을 받은, 멍한 표정으로 할 말을 찾지 못해 머뭇거렸다.

"…… 에이, 거짓말이야. 그런 사랑이 어딨어?"

나는 아이를 향해 고개를 단단히 끄덕였다.

"있어. 언젠가 너도 알게 될 거야."

인왕산 자락의 부암동 집 앞에는 해묵은 은행나무가 한 그루 있었다. 우리 집은 3층 빌라의 1층이었는데, 거실 창을 통해 올려다보면 은행나무의 거대한 위용이 옥상까지 뻗쳐 절로 우러르는 마음이 생기곤 했다. 나는 매일 아침 은행나무에게 안부를 묻는 것으로 하루를 시작했다. 외출했다 들어설 때에도, 나를 제일 먼저 반긴 것은 창문 밖 은행나무였다. 마치 커다란 장정이 '그동안 내가 집을 지켜주고 있었노라' 말하는 듯하여 든든했다.

여름밤 창을 열어두면, 수은등을 타고 들어온 나무 그림자가 거실 벽에서 어른어른 검은 춤을 추었다. 바람이 큰 밤이면 잎들이 몸을 부딪쳐 투둑투둑 감쪽같이 빗소리를 냈다. 나는 번번이 속으면서도 손을 내밀어 비가 오는가 확인하곤 했다.

"너 장난치는구나."

내가 미소 지으면, 나무는 그저 시침 뚝 떼고 빗방울 연주를 계속할 뿐이었다. 나는 차가운 거실 바닥에 등을 대고 드러누워 은행나무의 춤과 음악을 들으며 늦더위를 식히곤 했다. 인왕산의 소쩍새가 끼어들어 자장가를 불러주면 밤은 더할 나위 없이 완벽해졌다. 누구든, 어떤 상처를 입었든, 그런 밤에는 만물이 조건 없이 아문다.

봄이 되어 은행나무에 움이 틀 즈음이면, 나무를 지켜보는 내 피부도 움이 트는 듯 간질간질했다. 여름이 되어 잎이 무성해지면, 거실은 초록 물 가득한 수조에 잠긴 듯 녹음에 젖었다. 가을이 되어 잎이 황금빛으로 물들면, 실내에 괸 공기는 금덩이가 되어 온화하게 빛을 발했다. 겨울이 되어 낙엽이 쌓이면, 나는 수고로웠던 한 해를 돌아보지 않을 수 없었다. 나무에게 올 한 해도 애썼다 장하다 말해주었고, 그러다보면 내게도 애썼다 장하다 덤으로 말해주게 되었다. 그처럼 아름다우며, 그처럼 묵묵하며, 그처럼 한결같은 '위무'는 오직 식물성이기에 가능한 차원이었다.

나는 나무와 눈이 마주칠 때마다 고백했다.

"고맙다."

사랑은 점점 깊어갔다. 어느 날인가는 노트에 이렇게 적어넣기도 했다.

> 죽어 옥황상제가 살아생전 무얼 했느냐 물으면, '그저 집 앞 은행나무와 하루하루 늙어갔습니다' 해도 좋을 것이다.

진심이었다. 자잘한 세상사에 지쳐 그 그늘 아래 주저앉을 때마다, 나무는 내게 부드럽게 일러주었던 것이다.

'너무 애달파 마라. 괜찮다. 생은 한순간의 꿈일지니…….'

정말로 꿈인가 싶을 만큼 부지런히, 은행나무 아래로 시간이 흘렀다.

은행나무를 사이에 두고 우리 집 맞은편에는 자그만 기와집이 있었다. 연로하신 목사님 부부가 살고 계셨다. 그분들은 매주 서너 차례씩 찬합 가득 음식을 만들어 실어 나르셨다. 평생 교회를 짓지 않고 가진 것을 다 바쳐 어려운 이웃을 돕는 행동가들이셨다. 그분들로 인해 은행나무의 배경은 더 따사로웠는데, 어느 가을 그분들이 이사를 가셨다. 뒤이어 재빠르게 기와집이 헐렸다.

집이 헐리기 전, 아들아이와 빈집에 들어가 대청마루에 앉았다. 좋은 이웃이 사라져버린 허전함을 달래기 위해서였다. 볕이 기울어가는 오후였다. 액자 한 귀퉁이가 부서진 가훈, 마당에 뒹구는 플라스틱 화분들. 나는 은행나무에게 '목사님 부부가 떠나셨는데…… 너는 괜찮니?'라고 물어보려다 그만두었다. 거기서 올려다본 은행나무가 변함없이 높고 우렁찼기 때문이다.

대청마루에서는 건너편 우리 집이 잘 보였다. 거실 창은 깜깜했다. 나는 그 안에서 삶을 부비고 있는 세 가족, 그중에서도 나무를 자주 내다보며 생의 무게를 지탱해가는 여인의 그림자를 얼씬 본 것도 같았다. 그녀가 다시 나타날 때를 기다렸으나, 그뿐이었다. 나무가 옳았다. 다만 몇 발짝만 떨어져서 보아도, 생은 한순간의 꿈이다. 아이가 바닥에 흩어진 은행들을 발로 으깨며 배시시 웃었다.

집이 헐리고 콘크리트가 부어졌다. 몇 날 며칠 먼지와 소음이 줄기차더니, 4층짜리 카페 건물이 들어섰다. 건물 덕분에 우리 집은 빛과 풍경을 잃었다. 그나마 다행인 것은 카페 주인이 은행나무를 살려두고 싶어 했다는 것이다. 하지만, 건물에 가까운 가지들을 쳐내는 것을 잊지 않았다. 은행나무는 왜소해졌다. 내가 울먹하며 물었다.

"너…… 괜찮니?"

나무는 도리어 씩씩하게 물었다.

"너는, 괜찮니?"

정말이지, 괜찮았다. 아직 서로 괜찮으냐고 물을 수 있어서 괜찮았다.

우리 빌라에는 대체로 좋은 이웃들이 살고 있었다. 그러나 윗

집만큼은 예외였다. 중년의 이혼남이 장성한 자녀와 어머니를 모시고 살았는데, 이 남자가 괴물이었다. 술만 마시면 집기를 때려 부쉈다. 연로한 어머니에게까지 손찌검을 했다. 어느 날 군에서 제대한 아들이 똑같은 폭력으로 아비를 때려잡았다. 얻어맞은 뒤에야, 꼬리를 내리고 나직이 으르렁대는 개처럼 아비는 조용해졌다. 세상에서 가장 끔찍한 문제해결 방식을 완벽히 대물림한 줄도 모르고.

아들이 아비를 때려잡은 며칠 후였다. 외출하고 돌아와보니 은행나무가 사라졌다. 이게 무슨 일이야? 창가로 달려갔다. 거대한 은행나무가 처참하게 잘린 채 밑동만 남아 있었다. 당장 빌라를 관리하던 할아버지에게 뛰어갔다.

“아, 애기 엄마네 윗집 할머니가 구청에 연락한 모양이던데. 트럭이랑 인부들이 와서 오전 내내 잘라 가지고 갔는걸.”

다시 윗집 할머니에게 달려갔다.

“할머니가 나무 자르라고 하셨어요? 왜요!!!”

“저 늙의 나무가 집을 다 잡아묵잖아. 이제 훤해져서 살 것 같네. 애기 엄마도 좋지?”

어떻게 집으로 돌아왔는지 모르겠다. 집으로 돌아와서도 그 부재를 어떻게 견뎠는지 모르겠다. 누군가에게 빛을 내리는 사랑은 누군가에게 빛을 가리는 그림자일 뿐이다. 누군가에게 뜨거운 생명은 누군가에게 차가운 사물일 뿐이다. 세상만사란 그런 절박함과 무심함 사이를 모르는 척 오가는 시간과 사건의 병렬인지도 모른다.

너무나 갑작스럽게, 너무나 부당하게 소울메이트를 잃고서 나의 남겨진 영혼은 앓았다. 한 숟갈 깊숙이 덜어낸 푸딩처럼, 확연한 공백과 불완전함 때문에 오래 아팠다. 그러고 나서 나는 몇몇 표면적인 이유를 들어 사랑하는 부암동을 떠났다. 하지만, 마음속 깊은 곳에서는 알고 있었다. '한순간의 꿈'과 같은 생을 거닐던 그 여인이, 새로이 생의 무게를 지탱해줄 대상을 찾아 떠났다는 것을.

여인은 멀리 떠나간 곳에서 때때로 은행나무에게 묻는다.

"너…… 괜찮니?"

나무의 대답은 언제나 같다.

"너는…… 괜찮니?"

아낌없이 주는 나무와 소년처럼, 그렇게 여인과 나무는 한동안 늙어진 마음을 기대고 쉰다.

80km, 우정의 거리

얼굴 빨개지는 아이

장 자끄 상뻬 지음

“친구란, 인생이란 거친 바다에 띄워둔 구명정과도 같다.
타이타닉호가 침몰하는 절체절명의 위기가 들이닥쳐도
구명정 한 척을 지닌 사람은 최후의 존엄을 지킬 수 있다.”

꼬마 마르슬랭은 시도 때도 없이 얼굴이 빨개진다. 그런 자신이 당황스럽다. 친구들도 마르슬랭을 이해할 수가 없다. 어느 날, 마르슬랭은 르네를 만난다. 아무 때나 재채기를 하는 친구다. 이 친구 역시 재채기 때문에 종종 곤란에 빠진다. 둘은 곧장 서로를 이해한다. 매일 붙어 다닌다.

> 그들은 정말로 좋은 친구였다. 그들은 짓궂은 장난을 하며 놀기도 했지만, 또 전혀 놀지 않고도, 전혀 말하지 않고도 같이 있을 수 있었다. 왜냐하면, 그들은 함께 있으면서 전혀 지루한 줄 몰랐기 때문이다.
>
> 『얼굴 빨개지는 아이』, 장 자끄 상뻬 지음, 김호영 옮김, 열린책들

그런데 르네가 갑자기 이사를 가게 된다. 바쁜 어른들은 아이들의 우정 따윈 대수롭지 않게 여기는 법. 마르슬랭의 부모는 르네가 남겨놓은 연락처를 잃어버린다. 둘은 멀어진다. 많은 시간이 흐른다. 그러다, 우연히, 정말로 우연히 다시 만난다. 그들은 어른이 되었지만, 어릴 때처럼 즐거운 시간을 보낸다. 그리고 다음을 기약하며 헤어진다. 자, 이들은 바쁜 어른들이 그러하듯, 생계에 밀려 약속을 소홀히 했을까? 아니. 다시 만났다. 그것도 자주 만났다. 여전히 아무 말도 하지 않을 때조차 서로를 지루해하지 않으면서.

사람들은 누구나 결점을 안고 살아간다. 결점은 불완전한 인간의 숙명이다. 그러므로 『얼굴 빨개지는 아이』는 언뜻 특이한 체질을 가진 아이들의 독특한 우정을 다룬 것 같지만, 결국 보편적인 우정에 대한 이야기이다. 모든 우정은 서로의 결점을 받아들이는

데서 시작하여, 함께 있는 것만으로 마음의 평화를 느낄 때 완성된다는 것.

그런데 이 아름다운 동화의 주인공들이 여자였다면 어땠을까? 마음의 평화를 느낄 때 우정이 완성된다는 점이야 남녀가 같겠지만, 그것을 느끼는 방식에 있어서는 분명 차이가 있다. 지은이 장자끄 상뻬는 두 사내가 만나 편안히 침묵을 즐길 수 있는 것을 우정의 최고봉으로 꼽았다. 남자들에겐 '말없이 통하는' 우정이 진짜인 것이다. 여자들은 다르다. 두 여자가 만나 곧장 이야기 나눌 수 있는 것을 우정의 최고봉으로 꼽는다. 일일연속극을 시청할 때처럼, 지난 회를 설명하지 않고 이번 회부터 다짜고짜 시작해도 손뼉치고 눈물 흘리며 공감해주는 친구. 여자들에겐 '말이 잘 통하는' 우정이 진짜다.

친구로서, 나는 하드코어다. 카페나 식당에서 여럿이 만나 뜬구름 잡는 식으로 잡다하게 떠드는 것을 좋아하지 않는다. 공허함

과 낭비를 즐기지 못하는 지병 때문이다. 진짜 만남은 일대일이어야 한다고 생각한다. 잘 말하고 잘 들어주기에 공정한 인원이다.

대화에는 경계가 없는 것을 좋아한다. 자녀교육이든 섹스든, 금기 없이 전면적으로 다루는 것을 좋아한다. 소재는 자신만의 것이어야 한다. 적어도 자신이 소화시킨 이야기여야 한다. 연예인 가십처럼 주워들은 '남 얘기'는 공허하다.

나는 친구에게 비밀이 없다. 트라우마를 드러냄에 있어서도 주저하지 않는다. 감춤도 가감도 없다. 당연히 친구도 그러길 기대한다. 한 번의 만남이 더해지면, 관계의 지층도 한 층 더해지기를 기대한다. 유년의 추억과 페티쉬와 가족관계의 풀리지 않는 지난함 같은 것들이 지층을 이루는 광물이자, 퇴적을 공고히 하는 접착제이다. 적당히 골라 보여주는 사람, 금기가 많은 사람, 수사와 미화가 습관화된 사람, 관계에 대한 열정이 메마른 사람과는 지층을 쌓을 수 없다. 쌓이는 듯하다가도 도로 허물어진다. 나는 어릴 적부터 서로의 비밀을 드러냄으로써 삶의 비밀까지 함께 도달할 수 있는 친구를 갈망했다. 하지만 어른이 되면서 슬프게 깨달은 것은, 세상 사람들 대부분이 삶의 비밀 같은 것에 관심이 없다는 것이었다. 돈의 비밀이라면 모를까.

물론 나이깨나 든 지금은 이런 하드코어적 친구 만들기를 잘 시도하지 않는다. 아무나 붙잡고 섣부른 시도를 하던 자리엔 현명함이 들어섰고, 섣부른 시도를 하던 와중에 감사하게도 내게 꼭 맞는 친구 A를 찾았기 때문이다. 마치 결혼한 사람이 다른 이성에 대한 탐색을 멈추고 배우자에게 집중하는 것처럼, 나는 A가 있음으로써 다른 관계에 쏟는 에너지의 완급을 조절할 수 있게 되었다. A와 일일연속극을 중계하는 한, 다른 채널에서 같은 내용을 재방송할 필요가 줄어든 것이다.

곤란한 일이 벌어지면, 나는 가장 먼저 A를 찾는다. 그녀도 마찬가지다. 우리는 최대한 빨리 달려가 들어주고 일단 위로해준다. 그리고 모자란 머리를 맞대 해법을 강구하기 시작한다. 해법은 현명할 때도, 터무니없을 때도 있다. 관계없다. 달려와주고 들어준 것만으로 사실 심리적 상황은 이미 절반쯤 나아져 있기 마련이다.

절친이란, 인생이란 거친 바다에 띄워둔 구명정과도 같다. 타이타닉호가 침몰하는 절체절명의 위기가 들이닥쳐도, 구명정 한 척을 지닌 사람은 최후의 존엄을 지킬 수 있다. 우리의 우정에는 부모도 남편도 자식도 줄 수 없는, 동시대를 살아가는 여성만의 섬세한 공감과 위로가 존재한다.

작년에 과천에서 인천으로 이사를 했다. 과천에 A를 두고 오는 것은 정말 아쉬운 일이었다. 가까이 사는 동안 우리는 짬날 때마다 만나곤 했다. 직업이 있는 아줌마들이 대개 그렇듯, 살림과 아이 돌보는 일까지 마치고 나면 언제나 늦은 밤이었다. 번듯하게 따로 시간을 내기가 쉽지 않았다. 그래서 우리는 아이들이 잠든 늦은 밤 공원에서 접선하기도 했고, 고작 10분밖에 얘기할 시간이 없을 때는 후다닥 그날치 연속극을 방영하고 헤어지기도 했다. 주차장에 차를 세운 채로, 집 앞 돌덩이에 주저앉아서, 불특정한 시간이 허락하는 최대치까지.

나는 어차피 해야 하는 이사라면 긍정적인 면만 보기로 했다. 새집에서는 멋진 서해의 노을을 볼 수 있었다. 근처에 공원도 있었다. 어차피 서울 나가기도 힘들어졌겠다, 기왕에 이렇게 된 것, 쓰고 있던 여행기에나 집중하자 했다. 나는 무한 긍정 에너지로 새로운 상황을 꾸역꾸역 받아들였다. 새 이웃과 면을 트고 새 학부모 모임에 나갔다. 새로운 지역 시설과 길을 익혔다. 여행을 밥 먹듯 하는 사람이니, 당연히 새로운 장소에 적응하는 데는 큰 어려움이 없었다. 그렇게 믿었다.

한 달이 되어갈 무렵이었다. 뭔지 모르게 숨을 쉬기가 힘들었다. 애써 쥐어짜내던 긍정 에너지가 바닥에 이르렀다. 그 바닥에

쩍하고 금이 가더니 독가스처럼 불만 에너지가 새어나왔다. 나는 빵빵하게 부푼 풍선이 된 기분이었다. 아주 작은 사건이라도 바늘이 되어 건드리면 빵! 터질 '불만풍선'. 나잇값도 못하고 가족에게 짜증을 흘리는 횟수가 늘어갔다.

나는 A를 자주 그리워했지만, 전적으로 그녀 때문이라고는 생각하지 않았다. 고작 한 달 되었는걸, 뭐. 요즘처럼 바쁜 세상에 우정이란 이런저런 일을 앞세우다보면 한 달쯤 금방 넘기게 되지 않는가. 게다가 자명한 사실 하나는 이제 '아무 때나' 만날 수 없게 되었다는 것이었다. 인천에서 과천까지는 왕복 80km. 단지 "나 짜증나는데 그 이유를 모르겠어" 같은 아둔한 말을 하러 고속도로를 달리기에는 낭비되는 휘발유 측면에서 보나, 글쓰기와 살림과 엄마 노릇까지 겸하고 있는 상황으로 보나 적절한 선택이 아니었다. 엄마들이 흔히 그렇듯, 아이와 일을 언제나 먼저 챙겼으니 날 위해 쓸 시간 같은 것은 따로 남아주지도 않았다.

불만풍선이 점점 커졌다. 나는 애써 중얼거리곤 했다. 이 답답함은 새로운 장소에서 새로운 사람들과 섞이는 데서 오는 통과의례야. 처리되지 않은 감정들을 '묵묵히' 쓸어버렸다. 어쨌거나 원고 마감은 다가오고 있었고, 새로 사귄 사람들 사이에서의 역할도 늘어나고 있었던 것이다. 나는 명백히 한 가지 사실을 간과하고 있었다. '묵묵'은 남자들의 평화라는 것. 여자들은 묵묵할수록 마음의 평화로부터 멀어진다는 것.

한 달이 조금 지난 어느 여름 저녁이었다. 주말이었고, 산더미 같은 설거지를 하고 있었다. 여느 때처럼 우리 집 남자들은 어지를 뿐 아무도 나를 도우려 들지 않았다.

빵!

풍선이 터졌다. 터짐과 동시에, 내 안에서 묵묵히 쓸어버렸던 이야기들이 분노에 가까운 강력함으로 뛰쳐나왔다. 어찌나 강력한지 피부를 찢고 나온 것처럼 온몸이 저릿했고 마침내 코끝까지 저릿해지더니 눈물이 터졌다. 남편과 아들이 멍하니 나를 쳐다보았다. 다 큰 여자가 눈물을 흘릴 때, 남자들은 절대 그 이유를 헤아리지 못한다. 나는 마치 그들이 뜯어말려서 그동안 가지 못했던 것처럼, 성난 목소리로 말했다.

"당신, 설거지 마저 하고. 중빈이, 숙제 해놔. 나, 친구 만나러 갈 거야!"

미친 듯이 과천으로 차를 몰았다. 가면서 그녀에게 전화했다.

"텔레파시가 딱 통했구나. 나도 너 없어서 우울증에 걸릴 판이야!"

A는 허둥지둥 뛰어나왔다. 그녀의 집 앞에 이른 것은 밤이었다. 차를 세우자마자, 우리는 자리를 옮길 것도 없이 차 안에서 떠들기 시작했다. 시원한 맥주나 향기로운 커피나 푹신한 소파처럼, 대개의 소통에 구비되는 소품들이 우리에게는 언제나 불필요하다. 인생이라는 거친 바다의 본질을 이해한다면, 구명정에 오를 때 맥주나 소파를 들고 탈 수 없다는 것쯤은 이해할 수 있을 것이다.

밑도 끝도 없이 밀린 이야기들을 쏟아냈다. 지층의 빈칸들이 새로운 광물들로 채워지기 시작했다. 허술했던 층위가 도로 단단해지기 시작했다. 늘어졌던 감정선들도 우르르 탄력을 받았다. 우리는 깔깔 웃었다. 칭찬을 하고 자랑을 했다. 흉도 보고 욕도 했다. 결심도 하고 격려도 했다. 박수를 치고 발을 굴렀다. 눈물도 닦고 콧물도 닦았다. 다시, 살, 만, 해, 졌, 다.

얘기가 끝날 무렵 둘 다 허벅지를 벅벅 긁었다. 모기에게 엄청나게 뜯기는 줄도 모르고 떠들었던 것이다. 그 집중이 놀라워 우리는 또 깔깔 웃었다.

그날 이후 80km는 내게 다른 단위가 되었다. 멀지 않은 단위. 일상적인 업무에 우선해도 적절한 거리. 때때로 그래야만 하는 거리. 그로써 내가 숨을 쉬는 거리. 어른들은 아이들이 엉뚱한 짓을 많이 한다고 하지만, 사실 어른들이야말로 엉뚱한 짓을 일삼는 존재들이다. 어떤 어른은 살기 위해 독주를 마시고, 어떤 어른은 생계비를 털어 명품백을 사지 않는가. 그러니 아줌마가 한밤에 아이를 재워놓고 80km를 달려가는 일쯤이야 어른의 엉뚱한 짓 치고는 비교적 건전하다. 내 구명정은, 바다 수영에 익숙하지 못한 나를, 그렇게 계속 살게 해준다.

마음을 심는 법

어린 왕자

앙투안 마리 로제 드 생텍쥐페리 지음

"아들아, 이 세상에 너를 그리워하는 사람들이 많을수록,
네가 그리워하는 사람들이 많을수록
네 인생은 성공한 것이란다.
무엇을 하든, 어디에 있든,
마음을 함께 나누는 일이 가장 중요하단다."

나는 비행기 고장으로 사하라 사막에 불시착한다. 겨우 일주일 정도 마실 물을 지니고서. 그때 어린 왕자가 다가와 양을 그려달라고 한다. 나는 상자를 그려주며 안에 양이 들었다고 말한다. 어린 왕자는 만족한다. 그렇게 '독특한' 대화가 시작된다. 나는 점차 어린 왕자가 어떤 별에서 왔는지, 왜 그 별을 떠나왔는지 알게 된다.

어느 날 내가 비행기 수리에 골몰하는데, 어린 왕자가 자꾸만

질문을 퍼붓는다. 별에 두고 온 장미를 양이 먹어버리지 않을까 걱정하면서. 나는 조금 귀찮아져서 여느 어른들처럼 건성으로 대답한다.

어린 왕자는 얼굴이 빨개져서 말을 이었다.

"만약 누군가 수백만 수천만 개나 되는 별 중에서 단 하나밖에 없는 꽃을 사랑하고 있다면, 그 사람은 바로 그 별을 바라보는 것만으로도 마음이 행복해질 수 있는 거야. '저기 어딘가에 내 꽃이 있겠지……' 하고 생각하면서 말이야. 그렇지만 양이 그 꽃을 먹는다고 생각해봐. 이건 그에게는 갑자기 모든 별들이 다 꺼져버리는 거나 마찬가지라고! 그런데도 그게 중요하지 않다는 거야?"

어린 왕자는 더이상 말을 잇지 못했다. 그는 갑자기 흐느껴 울기 시작했다. 어둠이 내린 뒤였다. 나는 손에서 연장을 내려놓아버렸다. 망치도 볼트도 목마름도 죽음도 모두 다 우습게 생각되었다. 어떤 별에, 어떤 떠돌이 별 위에, 나의 별인 지구 위에 내가 위로해주어야 할 어린 왕자가 있었던 것이다! 나는 그

를 품안에 안았다.

『어린 왕자』, 앙투안 마리 로제 드 생텍쥐페리 지음, 김화영 옮김, 문학동네

그리워할 꽃이 없는 사람은 가난한 사람이다. 그 어느 곳에도 마음을 심어본 적이 없다는 뜻이기 때문이다. 그리워할 꽃이 많은 사람은 부귀한 사람이다. 꽃송이마다 심어놓은 마음조각들이 주렁주렁 자라 열매를 맺고 또 씨를 뿌리기 때문이다.

그런데 아이러니하게도, 정작 어른들은 부귀해지려면 마음 같은 것을 논할 시간이 없다고 말한다. 어린 왕자의 '나'처럼 바쁘게 연장을 들고 나사를 조일 뿐이다.

꽃은 언제 피어날까? 어떻게 피어날까?

요르단에서 무타에 들른 것은 그곳에 3대 명문대학이 있다고 해서였다. 나는 요르단의 여대생들을 만나 젊은 무슬림 여성들의 삶에 대해 이야기를 들어보고 싶었다. 그런데 막상 도착한 무타의

대학가는 우리네 대학가와는 달리 매우 경직된 분위기였다. 사전 약속이 되어 있지 않은 외부인에겐 아예 출입조차 금지였다. 조금은 당황스러운 마음으로 되돌아오는 버스를 탔다. 그때 내 옆에 앉은 '자나'라는 이름의 여학생이 유난히 크고 둥근 갈색 눈을 빛내며 물었다.

"저희 집으로 가실래요? 저는 제 친구 알파와 같이 살고 있어요. 여기서 가까운데……."

나는 기쁘게 자나의 제안을 받아들였다. 아랍을 여행하다보면 이런 일이 흔히 일어난다. 좀 과장해서 말하자면, 당신이 누군가와 정겹게 몇 마디 나눈 뒤에 주변을 둘러보면 이미 그의 방 안에 들어와 있는 것이다. 당신 앞에는 차가 놓여 있고, 그는 당신 입에서 나오는 한 마디 한 마디에 작전 명령을 기다리는 병사처럼 귀 기울인다. 생면부지의 당신은 그에게 중요한 사람이 된다. 그는 당신을 저녁식사 때까지 붙잡으려고 하고 당신이 식사를 마치면 급기야 자고 갈 것을 권한다.

자나와 알파가 자취하고 있는 건물은 우리나라의 빌라와 비슷한 신축 건물이었다. 자나가 문을 두드리자 알파가 반갑게 우리를 맞아주었다. 방 두 개, 거실, 부엌. 여대생들만 사는 집답게 깔끔한 실내였다. 최소한의 살림살이만 있어 좀 휑하기까지 했다. 알파가 잠시 뒤 오겠다며 사라졌는데, 알파가 올 때까지 자나는 자신의 영어가 서툴다며 안절부절못했다.

알파가 오기 전까지 확인된 것은, 그녀들이 요르단인이 아닌 말레이시아인이라는 것, 무타 대학에서 유학 중이며 이슬람학을 전공하고 있다는 것 등이었다. 나는 그녀들의 외모가 아랍인들과 달라 단순히 혼혈 요르단인일 거라고만 생각했는데, 그녀들 또한 이곳에서는 이방인이었던 것이다. 어쩌면 그렇기에 더 쉽게 나를 초대할 수 있었는지도 모르겠다. 타국을 떠도는 같은 아시아인에 대한 반가움이 작용했을 터였다. 여기에 한 가지 더 크게 작용한, 생각지도 못한 이유가 있었다.

"저는 장동건을 정말 좋아해요. 원빈도요. 둘 다 너무너무 잘생겼어요. 그 사람들 이야기 좀 해주세요."

한류 열풍이 대단한 줄은 알고 있었지만, 요르단에 와서까지 그 덕을 볼 줄은 몰랐다. 잠시 뒤 알파가 들어왔다. 귀여운 돌배기 아기 푸릴과 함께. 세상에, 그녀는 어린 나이에 이미 한 아이의 엄마였고, 수업이 끝나자 어린이집에 들러 푸릴을 데려온 것이다. 알파의 남편이 말레이시아에 있다는 이야길 듣고, 나는 두 번 놀랐다. 처음엔 갓난아이를 데리고 홀로 타국에서 공부한다는 사실 때문에 놀랐고, 방 안에 아기 물건이 하나도 없다는 것에 또 놀랐다.

공부를 하며 아기를 혼자 키운다는 것이 어디 쉬운 일인가? 더구나 우리는 그 쉽지 않은 일을 조금이라도 쉽게 하기 위해 이것저것 많은 물건을 사들인다. 보행기라든지, 모빌이라든지. 그래서 아기 하나만 집에 있으면, 방 하나쯤은 금세 아기 물건으로 채워지고 만다. 그런데 자나와 알파는 마치 선방의 스님들처럼 아기를 키웠다. 주변인이나 물건의 도움 없이 어린 나이에 공부와 육아를 의연히 병행하는 알파에게 나는 절로 존경심이 들었다.

중빈과 내가 점심식사를 하지 않았다는 것을 알고, 자나가 뚝딱 말레이시아 쌀국수를 만들어냈다. 소꼬리를 넣고 끓인 육수에 야채를 위에 얹었다. 사골국물을 한입 들이켜자, 오! 그동안 아랍빵을 소화하느라 쩍쩍 갈라졌던 위벽이 일시에 부드럽게 젖었다. 소꼬리를 사려면 수도인 암만까지 가서 공수해와야 한다면서도, 자나는 한 그릇을 뚝딱 비운 내게 얼른 큼지막한 고깃덩이를 다시 얹어 새로 한 그릇을 냈다.

선방같이 휑한 그녀들의 공간에도 사치스러운 물품이 있었으니, 그것은 고국에서 부모님들이 부쳐주신 말레이시아 식품으로 가득 찬 박스였다. 그 안에는 쌀국수를 비롯, 새우깡과 흡사한 말레이시아의 국민 과자, 건과일 등 유통기간이 긴 것 치고 없는 것이 없었다. 그녀들에게는 아껴가며 사용해야 할 식재료일 터인데도, 자나는 그 모든 것을 망설임 없이 꺼내 우리에게 맛보게 했다. 그녀 자신은 라마단 기간이라 그중 한 조각도 입에 댈 수 없으면서도.

푸릴이 낮잠 자는 것을 돕기 위해 중빈과 나는 잠시 산책을 나섰다. 중빈은 먼저 건물의 옥상부터 올라가보고 싶어 했다. 우리는 옥상에서 동네를 내려다보았다. 길가에 놓인 드럼통 뒤로 검은 고양이가 우쭐대며 지나갔다. 철망이 둘러쳐진 공터에서 느릿느릿 닭과 양들이 움직였다. 얼마나 시간이 흘렀을까. 문득, 집집마다 창문이 조금씩 열려 있고, 그리로 빠끔히 내밀어진 얼굴들이 우리를 훔쳐보고 있다는 것을 깨달았다. 웃음이 났다. 이곳엔 그 옛날 봉화제도처럼 동네에 새로운 사람이 출몰했음을 알리는 특별한 연락체계라도 있는 걸까? 어떻게 이렇게 짧은 시간에 이렇게 많은 집에서 우리가 나타난 것을 알아챘을까? 집 안에서 대부분의 시간을 보내는 무슬림 여인들만의 비밀 소식통이라도 있는 걸까? 우리는 창가의 얼굴들에게 손을 흔들었다. 조금이라도 성숙한 소녀들은 당황하며 창문을 닫았다가, 잠시 후 히잡을 머리에 두르고 얼굴을 내밀었다. 우리가 다시 손을 흔들면 자기들끼리 키득거렸다.

산책을 마치고 돌아가 문을 두드리자, 자나와 알파가 문 저편에서 "잠깐만요!"를 여러 번 반복했다. 그녀들 역시 황급히 히잡을 두르고 있는 것이다. 때때로 잠옷 바람으로 지인들을 맞이하는 나 같은 아낙은 한번쯤 반성해볼 일이다.

중빈은 마치 오래 알고 지낸 이모에게 하듯 자나의 침대에 함께 드러누웠다. 그리고 사우디에 있다는 자나의 남자친구와 전화로 낄낄대며 장난을 쳤다. 그사이, 나는 푸릴이 잠들어 비로소 한가해진 알파와 대화를 나눴다. 알파는 내게 세계 어떤 지역들을 여행했는가 물었고, 그 각각의 지역에 대해 궁금한 것들을 묻고 또 물었다.

이 순간, 그녀의 얼굴을 잊을 수 없을 것 같다. 이슬람 계율에 충실한 아기 엄마가 실내에서조차 정돈된 옷차림과 자세를 흩어뜨리지 않으며 아기가 잠든 사이에 나누는 대화. 그것이 저 먼 곳의 별과 그곳에 사는 사람들의 미소와 바람결을 따라 춤추는 나무에 대한 것일 때, 그녀는 이렇게 복잡하고도 아름다운 얼굴로 귀 기울이는구나.

세상의 모든 아기 엄마들이 '떠날' 것을 꿈꿀 때, 그들의 얼굴은 아름답다. 정말로 간절히 그것을 원하기 때문에 아름다우며, 동시에 가장 사랑하는 것을 위해 간절한 그것을 포기하기 때문에 아름답다. 이 순간 알파의 얼굴이 아름답다. 현실에 발목 잡힌 그녀에게 먼 곳의 손짓은 찬란하지만, 이제 곧 푸릴이 깨어나면 그녀는 그 먼 곳을 향했던 그리움 못지않은 그리움으로 잠시 떨어져 있던 아기를 반길 것이다.

마지막 아잔이 울렸다. 라마단 동안에는 하루 중 해가 지는 이때부터 음식물 섭취가 허락된다. 자나와 알파는 저녁 준비를 시작했다. 우연히 만난 손님을 위해 온갖 정성을 다한다. 튀기고 끓이고 볶기를 한 시간여, 마침내 작은 테이블 위에는 일곱 가지가 넘는 말레이시아 요리가 놓여졌다. 쿠알라룸푸르에서 제일가는 식당에 초대받은 듯한 착각이 들 만큼 다채로운 향기와 빛깔로 가득한 밥상이었다.

자나와 알파는 손님을 맞이하게 된 것을 진심으로 기뻐하고 있었다. 등하교 외에는 철저히 이슬람 계율에 따라 집 안에 머물며 단둘이 의지하는 타국생활 속으로 뛰어들어온 우리를 진심으로 반기고 있었다. 그들의 순도 높은 선의와 외로움의 무게가 고스란히 전해져서, 나는 가슴 한구석이 아릿해졌다.

언제부터였을까. 나는 진심보다 적당한 생색과 감사치레에 익숙해졌다. 5만 원짜리 선물엔 5만 원으로 응했고, 차로 때울 수 있는 자리엔 음식을 내지 않았다. '적당히 잘' 해내는 것이야말로 복잡한 삶을 정리하는 불가피한 기교라 여겼다. 하물며 내게 신세를 갚을지 어떨지조차 알 수 없는 지나가는 객에게 융숭해져본 기억이라니…….

숙소로 떠날 시간이 되었다. 자나는 우리가 자고 가지 않는다며 섭섭해 했다. 그리고 직접 그린 초상화를 선물로 주었다. 나는 그녀들을 번갈아 안으면서 감사함을 전하고, 한국으로 돌아가면 푸릴에게 꼭 맞는 '대장금' 한복을 보내주겠노라고 약속했다. 그녀들은 버스가 끊긴 시각에 떠나는 우리를 위해 저렴한 가격에 밴을 섭외해주었다. 또 우리의 안전을 위해 숙소까지 믿을 만한 말레이시아 남자 유학생을 동승시켜 보내기까지 했다.

그날의 신비는 거기에서 그치지 않았다. 고작 20여 분 같이 밴을 탔을 뿐인 그 남학생은 요르단 어디에서건 도움이 필요하면 연락하라며 자신의 이름과 휴대전화 번호를 꼼꼼히 적어 내게 건넸다. 또 우리가 밴에서 내렸을 때, 숙소 주인인 싸미르는 얼굴이 하얗게 질린 채 서성이며 우리를 기다리고 있었다. 도대체 이렇게 밤늦은 시각까지 무타에서 무얼 했느냐고, 경찰에 연락을 해야 할까 말아야 할까 망설이고 있는 중이었다면서. 그리고 애지중지하는 보물이 돌아온 양, 중빈을 꼬옥 끌어안고 뺨을 부볐다.

그 밤, 곤하게 잠든 아이에게 나는 속삭였다. 정말 멋지지 않니? 오늘 아침까지만 해도 무타는 우리에게 지도 속의 이름으로만 존재했는데, 오늘 저녁 그곳엔 우리의 안위를 위해 알라께 기도해 주는 여러 명의 친구가 생겼구나. 그러므로 이제 무타는 네게 특별한 별이 된 거란다. 네가 아끼는, 그리고 너를 아끼는 꽃이 피어 있는 별이.

그러니 아들아, 누군가 네게 세상에서 중요한 것들의 목록이 바뀌었다고 하거든 그 말을 믿지 마라. 그들이 출세나 성공에 대해 말해도 귀담아 듣지 마라. 이 세상에 너를 그리워하는 사람들이 많을수록, 네가 그리워하는 사람들이 많을수록 네 인생은 성공한 것이란다. 무엇을 하든, 어디에 있든, 마음을 함께 나누는 일이 가장 중요하단다.

내 시린 별 하나

안녕, 나의 별

파블로 네루다 지음

"인간은 가질 수 없는 대상 앞에서 더 소유욕을 불태운다.
억지로 꺾고 잡아 감춰두려 든다.
그러나 소유와 동시에 그것은 본래의 의미를 잃는다.
나는 품속으로 날아든 탐스러운 별 하나를
꽉 움켜쥐려다 도리어 놓쳐버렸다."

어둠을 향해 몸을 기울이면 꼭 밤하늘을 만질 수 있을 것 같다. 소년은 간절한 마음으로 영롱한 별 하나를 떼어낸다. 훔친 별을 주머니에 넣어 집으로 가지고 온다. 그런데 천사들이 벌이라도 내리는 걸까. 별은 소년에게 얼음 조각처럼 차갑기만 하다. 소년은 겁이 나서 별을 침대 밑에 숨긴다. 그런데 별빛이 지붕을 뚫고 한없이 새어 나간다. 깜빡깜빡 밤하늘로 돌아가고 싶다고 말하는 것 같다. 그 빛은 소년을 흔든다. 점점 계산도 할 수 없고 밥 먹는 것도 잊게 된다. 빛은, 또, 사람들을 불러 모은다. 사람들이 소년의 방 창가에 모여 수군거린다. 소년은 어쩔 수 없이 별을 놓아주기로 한다.

나는
조심스레
별을 집어서
손수건으로 곱게 갈무리했어요.
그런 다음
얼굴을 숨기고 사람들 틈에 섞여 들어
몰래 그곳을 빠져나갔죠.

나는
서쪽을 향해
서쪽을 향해
걸어갔어요.
버드나무 숲 아래로
고요히 흐르는
맑은 초록빛 강을 향해 걸어갔어요.

나는 얼음처럼 차가워진 별을 집어

물속에

살며시

놓아 주었어요.

『안녕, 나의 별』, 파블로 네루다 지음, 남진희 옮김, 살림어린이

별은 물고기처럼 헤엄쳐 멀어진다. 소년은 작별 인사를 하고 싶지만 아무 말도 하지 못한다.

이 짧은 동화는 『안녕, 나의 별』이라는 시 전문을 내용으로 하고 있다. 칠레의 연인이자 영웅, 노벨 문학상 수상작가 파블로 네루다의 작품이다.

흔히 '별처럼 아름다운' 혹은 '별처럼 빛나는'이라는 말을 하곤 한다. 별은 아름답지만 닿을 수 없는 것의 상징이다. 아이러니하게도 인간은 가질 수 없는 대상 앞에서 소유욕을 더 불태울 때가 있다. 그것을 억지로라도 꺾고 잡아 감춰두려 한다. 그런데 어쩌나. 별을 따서 집에 가져다놓으면 얼음처럼 차가워지듯, 탐스럽던 대상은 억지스런 소유와 동시에 본래의 의미를 잃는 것을. 혹은 다른 형질로 변해버리는 것을.

오래전, 나는 품속으로 날아든 탐스러운 별 하나를 가만가만 바라보지 못했다. 꽉 움켜쥐려다 도리어 놓쳐버렸다.

아빠가 처음 그 아이를 데려왔을 때, 나는 열 살이었다. 그 아이는 정말 예뻤다. 6개월 정도 됐을까. 어린 강아지였다. 길고 검은 털에는 윤기가 자르르 흘렀고 가슴팍에만 흰 털이 별처럼 돋아나 있었다. 내가 골목에서 놀다가 "별이!" 하고 이름을 부르면 긴 귀를 나풀대며 뛰어왔다. 내게 안겨 주둥이를 쳐들면 촉촉한 검은 코가 햇볕에 반짝거렸다. 커다란 눈은 완벽하게 둥글었다. 나는 그 아이가 세상에서 제일 예쁜 강아지라고 확신했다.

두 살 터울의 오빠는 늘 〈동물의 왕국〉을 즐겨봤다. 동물 그림도 잘 그렸고 실제로 능숙하게 동물을 다뤘다. 별이는 오빠 품에서 잘 '흘러' 다녔다. 어미 몸을 타는 새끼처럼 구르고 뒤집고 핥고 깨물고 앙앙 짖었다.

나는 동물을 예쁘게 여길 줄만 알았지 다루는 데는 서툴렀다.

그 시절 내가 가장 좋아하는 장난감은 인형이었고, 내게 별이는 그저 살아 있는 인형이었다. 문제는 이 인형이 다른 인형들과 달리 내 맘대로 조정이 되지 않는다는 것이었다. 나는 그 아이를 쓰다듬다가도 핥으면 싫었다. 잘근잘근 손가락을 물기라도 하면 더 질겁했다. 별이는 활달한 성격의 강아지였다. 유난히 뛰고 덤비고 물고 핥아댔다. 안으면 가만있기보다 꿈틀거렸다. 언제나 내 손에 제대로 쥐어지지 않았다. 나는 별이가 인형처럼 가만히 있으면 더 완벽할 거라고 생각했다. 더 많은 사랑을 줄 수 있을 거라고 안타까워했다. 내가 이 집 저 집 가지고 다니며 놀던 인형들처럼 더 많은 곳에 데리고 다니며 함께할 수 없어 아쉬웠다.

별이가 한 살쯤 되었을 무렵이었다. 어느 오후 친구네 집에 가려고 자전거를 꺼냈다. 인형 가방을 등에 메고 출발하려는데 별이가 덤볐다. 집에는 아무도 없었다. 그 아이는 함께 놀고 싶어 했다.

"그럼 너도 같이 가자. 하지만 말을 잘 들어야만 돼."

나는 별이를 자전거 뒷자리에 태웠다. 별이는 버둥거렸다. 자꾸 손아귀를 빠져나와 달아나려 했다. 나는 친구들에게 별이를 꼭 보여주고 싶었다. 세상에서 가장 예쁜 그 아이를. 왼손으로 핸들을 잡고 오른손으로 별이를 꾹 누르며 자전거를 출발시켰다. 별이는 더 버둥거렸다.

"조금만 가면 돼! 제발, 가만히 있어봐!"

나는 페달을 더 힘껏 돌렸다. 별이가 달아날 것만 같았기 때문이다. 속도를 높이면 포기하고 잠잠해질 것이다. 그래서 내리막길에 접어들어서도 속도를 줄이지 않았다. 바퀴가 미친 듯이 빨라졌다. 이내, 나는 두려움에 사로잡혔다. 퍼뜩 한 가지 사실을 상기했다. 내가 잡고 있는 왼쪽 핸들 브레이크는 고장이었다. 속도를 줄이려면 별이를 놓고 오른쪽 브레이크를 잡아야 한다. 지금이라도 별이를 놓을까? 그리고 브레이크를 잡을까? 그럼 별이는 어떻게 될까? 내리막길의 끝은 대로와 만난다. 그곳엔 곧잘 트럭과 자동차들이 다닌다. 바람이 점점 거세게 귀를 때렸다. 자전거는 걷잡을 수 없이 폭주했다. 온몸이 덜덜 흔들렸다. 머릿속이 하얘졌다. 숨을 꽉 멈췄다. 눈을 질끈 감았다. 오른손을 거둬 핸들로 옮겼다. 별이가 떨어졌다. 깨개갱 소리가 천지를 찢었다. 자전거가 엎어졌다.

나는 팔꿈치와 무릎에 깊은 상처를 얻었다. 하지만 천천히 회복되어 작은 흉터만 남았다. 별이는 한쪽 뒷다리를 못 쓰게 되었다. 오빠는 몹시 가슴 아파했지만 "왜 그런 짓을 했니!" 짧게 나무라고는 나머지 말들을 삼켜주었다. 별이는 그날 이후 더 이상 내게 다가오지 않았다. 오빠에게도 다가가지 않았다. 집에도 잘 들어오지 않았다. 드물게 사람이 없을 때 집에 들어와 밥그릇을 비우고 사라졌다.

별이는 절룩이는 채로 성견이 되었다. 가끔씩 길에서 별이와 마주치면 나는 우뚝 섰다. 별이도 우뚝 섰다. 그 아이는 완벽하게 둥근 검은 눈에 시릴 정도의 차가움을 담고서 나를 바라보았다. 나는 그 눈을 마주할 수가 없어 고개를 떨궜다. 그러면 별이는 전혀 알지 못하는 사람을 지나듯 나를 지나쳤다.

별이는 절룩이면서도 동네 곳곳을 쑤시고 다녔다. 사냥개의 혈통 때문인지, 천성적으로 활달한 성격 때문인지, 세 개의 다리만으로도 빠르게 달리는 법을 터득해 웬만한 개들을 앞질렀다. 그나마 가끔씩 집에 와 밥그릇을 비우는 일마저 사라졌을 때, 엄마는 별이의 집을 치웠다. 그즈음 별이는 더 이상 집개처럼 보이지 않았다. 하얀 별이 사랑스럽게 떠 있던 가슴팍에는 떡 벌어진 근육이 자리 잡았다. 울음소리도 크고 우렁찼다. 나는 종종 저 멀리서 별이가 늑대처럼 울부짖는 소리를 듣곤 했다. 또 종종 멀리서 무리를 이끌고 다니는 모습을 보곤 했다.

별이는 이제 '예쁘지' 않았다. 대신 야생상태의 거침과 불결함, 그리고 그 어떤 인간의 범접도 허락하지 않는 격리의 분위기가 감돌았다. 그 시절만 해도 개들이 인간에게 종속되지 않은 채 숨어 지내려면 그럴 수 있는 공간이 있었다. 별이는 그런 공간과 공간을 떠돌며 수완 좋고 위엄에 찬 떠돌이 개의 대장이 되었다.

나는 함부로 집을 나섰다가 길을 잃은 개의 이야기를 흔히 듣곤 했다. 인간이 내버린 개의 이야기도 흔히 듣곤 했다. 그러나 별이는 그 무엇과도 다른 경우였다. 스스로 인간을 버린 개였다.

몇 해 후 별이가 동네에서 사라졌다. 그 시절 흔히 그랬듯 누군가에게 잡혀 보신용이 되었을 수도, 차에 치였을 수도, 혹은 다만 더 나은 곳을 찾아 떠났던 것일 수도 있다. 이후에 몇 마리의 개를 더 키웠다. 나는 어린아이에서 성숙한 소녀가 되었고 다시 어른이 되었다.

시간의 흐름과 함께 별이를 향해 화끈거렸던 죄책감은 사라지는 듯했다. 그러나 더 나이를 먹어, 어린 시절 멋모르고 저질렀던 짓들의 진짜 의미를 더듬을 수 있게 되었을 때 죄책감은 온전히 되돌아왔다. 그리고 결국 아름다운 개를 볼 때마다 별이를 떠올리게 되었다. 별이는 골목에서 나를 바라볼 때의 눈빛, 그 시린 감각 그대로 나타나 선뜩 마음을 얼렸다.

나는 네루다의 시 속에 등장하는 소년만큼 현명하지 못하여,

나의 '별'을 위해 버드나무 숲 아래 초록빛 강조차 찾아주지 못했다. 그래서 마을을 떠돌다 끝내 종적을 감춰버린 별 하나를 얼음 조각처럼 가슴에 품고 산다.

그녀의 자그마한 선택

강아지똥

권정생 지음

"때마침 우리는 다세대주택이 밀집한 골목을 걷고 있었다.
모두가 조금은 남루하고 지친 얼굴을 하고 있었지만,
또 모두가 그 남루한 풍경을 존엄하게 만드는
최소한의 인내를 잃지 않고 있었다."

당신이 태어나자마자, 누군가 말한다.

"넌 참 쓸모없어."

"에그, 더러워!"

뭐, 뭐라고? 당신은 상처받는다. 울음을 터뜨린다. 그리고 자신이 똥이라는 걸 알게 된다. 이제 당신은 무얼 할 수 있을까? 꿈을 꿀 수 있을까?

『강아지똥』은 놀라운 동화책이다. 가장 비천한 것에서 가장 아름다운 것을 이끌어낸다. 비천함과 아름다움 사이에서 다리 역할을 한 것은 '기적'이 아니었다. 다만 '희망'이었다. 강아지똥은 줄기차게 쓸모 있는 것이 되고 싶어 했다. 아름다운 것이 되고 싶어 했다. 희망을 버리지 않았다. 기다리고 인내했다. 그러던 어느 날 민들레를 만났다.

"내가 거름이 되다니?"
"네 몸뚱이를 고스란히 녹여 내 몸 속으로 들어와야 해.
그래야만 별처럼 고운 꽃이 핀단다."
"어머나! 그러니? 정말 그러니?"
강아지똥은 얼마나 기뻤던지 민들레 싹을 힘껏 껴안아 버렸어요.
비는 사흘 동안 내렸어요.
강아지똥은 온 몸이 비에 맞아 자디잘게 부서졌어요…….
부서진 채 땅 속으로 스며들어 가 민들레 뿌리로 모여들었어요.
줄기를 타고 올라가 꽃봉오리를 맺었어요.
봄이 한창인 어느 날,
민들레 싹은 한 송이 아름다운 꽃을 피웠어요.

『강아지똥』, 권정생 지음, 정승각 그림, 길벗어린이

누구에게나 어깨에 실린 무게가 있다. 그 무게 때문에 똑바로 서기 힘들 때가 있다. 앞이 보이지 않을 때도 있다. 견디고 견디다 지쳐 희망을 잃고, 민들레 싹이 "별처럼 고운 꽃이 핀단다"라고 바로 곁에서 희망을 말할 때조차 "아, 됐어!" 절망하며 싹을 밟고 떠나버리기도 한다.

그러므로, 희망을 버린 이는 똥이고, 희망을 지닌 이는 꽃이다.

얼마 전 A가 책 판매를 시작했다는 소식을 들었다. 영업사원이 다루는 것이 흔히 그렇듯 요리, 아동, 문학…… 가리지 않고 모든 것을 다루는 모양이었다. A가 집으로 놀러 오라고 했을 때 나는 그 일 때문이라는 것을 알았다. 누군가 새로이 영업을 시작했을 때 하는 첫 번째 일은 알고 지내던 주변인의 수를 세고 그들에게 일일이 전화를 거는 일일 것이다. 알고 지내던 주변인의 수가 의외로 많지 않아 당황스러울 것이고 잘 묻지 않던 안부를 물으려니 쑥스러울 것이다. 처음은, 누구에게나 어렵다.

A의 집으로 향하면서 나는 좀 미안한 맘이 들었다. 먼 사이도 아니건만 간접적으로 소식을 접했을 때 먼저 전화를 걸 수도 있었다.

"어디 팔 만한 거 내놔봐. 내가 무조건 개시해줄게!"

그렇게 A의 쑥스러움을 덜어줄 수도 있었다. 하지만 그러지 못했다. 유독 생활비 들어갈 데가 많은 달이었다. 나는 '이제 어쩔 수 없이 필요치 않은 전집 하나를 구입해야겠구나.' 한숨을 쉬고서, 그러고 있는 내 조잔함이 싫어 얼른 다른 일로 돌아서고 말았다.

A는 초등학교에 다니는 아이를 둔 40대의 주부다. 그 나이에 가계에 보탬이 되는 무언가를 새로 시작한다는 것은 얼마나 어려운 일인가. 비록 그녀가 야무진 살림꾼에 현명한 아내이자 엄마라 해도 말이다. 게다가 A는 건강도 좋지 못하며 시어른까지 한집에 모시고 있다.

우리를 한계 지우는 조건이라는 것은 언제나 우리를 조금쯤 암담하게 한다. 나아가 성급한 절망을 끌어내기도 한다. 때문에 모든 선택은, 언제나 홍수처럼 밀려드는 절망을 막아내고 그 자리에 희망의 댐을 세워야만 가능해진다. 세상의 모든 선택이 축복받고 격려받아야 마땅한 이유가 여기에 있다.

나를 만나고 나서도 한참 동안 A는 새 일에 대해 말을 꺼내지 않았다. 찬거리를 사러 함께 슈퍼로 향하는 동안에도 마찬가지였다. 내가 먼저 물었다. 그제야 더듬더듬 A가 그간 회사에서 교육받은 내용을 꺼내놓았다.

"아직도 나는 공부를 많이 해야 해……."

조금 수줍어하면서도 열심히 전달했다. A는 실로 오랜만에 생기가 있어 보였다. 세상을 향해 적극적으로 열려 있는 것 같았다. 목표를 위한 열정마저 느껴졌다. 그 모습이 참으로 보기 좋았다. 그래서 나는 그녀가 기나긴 교육내용을 다 마칠 때까지 듣기만 했다.

때마침 우리는 다세대주택이 밀집한 골목을 걷고 있었다. 코흘리개 아이들이 바퀴가 닳아버린 플라스틱 자전거를 타거나 분홍색 색소가 화려한 쭈쭈바를 빨았다. 창가에 널린 빨래들은 이미 하루 치의 새로운 먼지를 들쓰고 있었다. 얼굴에 기미가 가득한 아낙 서넛이 떡볶이집 앞에 줄을 서서 누런 학원 가방을 든 아이들에게 줄 오뎅이 익기를 기다렸다. 모두가 조금은 남루하고 지친 얼굴을 하고 있었지만, 또 모두가 그 남루한 풍경을 존엄하게 만드는 최소한의 인내를 잃지 않고 있었다. 그래서였을까. A의 이야기가 길어지면 길어질수록 그것은 마치 기교에 능란하지 않은 아마추어가 성실히 부르는 노래처럼 자연스레 풍경 속에 녹아들었다.

이야기 끝에 A는 그 사이 입은 상처를 털어놓았다.

"친구에게 전화를 했더니, 여럿 괴롭히지 말고 차라리 식당에서 일하라고 하더라."

슬픈 일이다. 우리는 너 나 할 것 없이 초라한 조건 앞에 좌절한 경험이 있다. 그런데도 여전히 타인의 좌절에 공감하는 법을 배우지 못한다. '작은 선택'을 존중하는 법을 배우지 못한다. 크고 요란한 선택 앞에 주눅 드는 법을 먼저 배운다. 주눅 든 채로 아예 선택조차 하지 않으면서, 작은 선택을 한 이들을 씹는 법을 배운다. 스스로 작음을 인정하기란 언제나 큰 용기가 필요한 일이기에.

진정한 시작은 자신이 작음을 인정하는 데서 비롯된다. 강아지똥처럼 자신이 초라함을 받아들이고, 그로써 해낼 수 있는 것에 대해 구체적인 희망을 품을 때 시작된다. 강아지똥이 민들레 싹을 끌어안을 때처럼, 기쁜 마음으로 희망의 매개체를 꽉 끌어안아야 한다. 일단 끌어안고 나서는 견뎌야 한다. 비에 젖는 것을. 잘디잘게 부서지는 것을. 마침내 꽃으로 피어날 때까지.

다행히, 새로운 에너지로 충전된 A는 건재했다.

"괜찮아. 내가 꼭 그 친구에게도 책을 파는 날이 올 거야."

희망에 찬 그녀의 목소리는 든든했다.

"좋아. 그 친구에게 책을 파는 날, 내가 따라가서 '인증샷'을 찍어줄게."

나의 너스레에, 그녀가 까르르 웃었다.

슈퍼에서 돌아와 싱크대 위에 찬거리를 내려놓은 뒤 A는 내 요청에 따라 각종 도서 안내책자를 가져왔다. 나는 무조건 그녀가 가장 좋다고 생각하는 것을 하나 골라달라고 했다. 그리고 그녀에게 말했다. 잘 해낼 수 있을 거라고. 만일 잘 되지 않거나 힘에 부쳐 또 다른 것을 시작하게 되더라도, 똑같이 그녀가 가장 좋다고 권해주는 것을 덥석 믿고 사겠노라고. 그리고 소리 없이 다짐했다. 그때에는 꼭…… 내가 먼저 전화를 걸겠노라고.

엄마와 밤 소풍을 떠나다

마당을 나온 암탉

황선미 지음

"사람의 몸은, 그중에서도 엄마들의 몸은
얼마나 많은 손길을 거치는 걸까.
얼마나 많은 베풂과 약탈을 겪어내는 걸까.
미안함이 순식간에 목까지 들어찼다."

'잎싹'은 양계장의 암탉이다. 무척이나 알을 품어 보고 싶다. 그러나 주인이 알을 낳는 족족 가져가버린다. 양계장 문밖으로는 마당이 엿보인다. 그곳에서의 삶은 양계장과 다를 것 같다. 수탉을 만나 알을 품고 병아리를 키우기에 더없이 완벽한 장소 같다. 잎싹은 자신의 처지를 깊이 한탄한다. 결국 시름시름 병이 들어 폐계가 된다. 버려진 잎싹을 족제비가 잡아먹으려는 순간, 청둥오리가 구해준다.

잎싹은 청둥오리의 도움으로 마당에 발을 들여놓게 된다. 하지만 그곳에서의 삶은 예상과 다르다. 개, 오리, 토종닭 등 마당에서 사는 동물들은 철저한 위계질서 아래 놓여 있다. 폐계 따위에게 내어줄 자리는 없다. 잎싹은 마당 밖으로 쫓겨난다. 마당 밖 야생상태에서 고독하게 생존에 필요한 것들을 배워나간다. 언젠가 알을 품고 병아리를 키울 수 있으리란 희망을 버리지 않으면서. 그러던 어느 날, 청둥오리의 알을 발견하고 정성껏 품어낸다.

이제 잎싹은 그토록 소원하던 엄마가 되었다. 아기는 점점 멋진 청둥오리로 자라나 '초록머리'라 불리게 된다. 족제비는 여전히 호시탐탐 이들을 공격하지만, 그때마다 엄마 잎싹이 온몸을 내던져 초록머리를 보호한다.

초록머리는 점점 자신의 정체성에 혼란을 느낀다. 청둥오리인 자신이 엄마처럼 닭으로 살 수는 없다. 조금씩 엄마와 거리를 두고 저수지에서 홀로 보내는 시간이 많아진다. 늦가을, 청둥오리 떼가 저수지로 날아온다. 초록머리가 떠날 때가 된 것이다.

"엄마, 내가 떠나길 바래?"

잎싹은 초록머리의 눈을 들여다보며 고개를 끄덕였다.

"물론 가야지. 네 족속을 따라가서 다른 세상에 뭐가 있는지

봐야 하지 않겠니? 내가 만약 날 수 있다면 절대로 여기에 머물지 않을 거다. 아가, 너를 못 보고 어떻게 살지 모르겠다만, 떠나는 게 옳아. 가서 파수꾼이 되렴. 아무도 너만큼 귀가 밝지 못할 거야."

"나는 안 떠나."

금방이라도 울 것처럼 초록머리가 잎싹의 날갯죽지에 머리를 묻었다.

"하고 싶은 걸 해야지, 그게 뭔지 네 자신에게 물어 봐."

"엄마가 혼자 남을 텐데. 마당에 갈 수도 없고."

"나는 괜찮아. 아주 많은 걸 기억하고 있어서 외롭지 않을 거다."

『마당을 나온 암탉』, 황선미 지음, 김환영 그림, 사계절

청둥오리 무리가 떠날 때 초록머리도 함께 떠난다. 이제 잎싹에게 세상은 껍데기만 남은 것 같다. 홀로 남겨진 잎싹을 족제비가 노리고 있다. 족제비는 겨우내 새끼들을 키우느라 눈이 퀭하다. 이제 잎싹은 도망칠 까닭도 기운도 없다. "나를 잡아먹어라. 그래서 네 아기들 배를 채워라." 잎싹은 늙은 몸뚱이를 족제비에게 던진다.

이 동화가 영화로 만들어져 한창 세간의 관심을 받고 있을 때,

대부분의 사람들은 지극한 모성애에 대해 말했다. 그런데 두 명의 지인이 색다른 견해를 전했다. “잎싹이 양계장과 마당을 나온 것까진 좋았는데 아이 키우느라 자기 건강은 챙기지도 못하고. 뭐랄까, 자식한테 ‘올인’하는 한국 엄마들의 모습이 보이는 것 같아 안타까웠어요. 초록머리도 잎싹도 행복한 해피엔딩이라면 더 좋았을 텐데 하고 생각해봤답니다. 가령, 새로운 사랑을 만난 잎싹……?” 그녀는 육아전문잡지의 기자이자 한 아이의 엄마였다. 또 다른 후배는 이렇게 말했다. “왜 여자들은 생의 주인공으로 살려 들지 않는 걸까요?” 그녀는 결혼과 동시에 아이를 갖지 않겠다고 선언한, 잘나가는 디자이너였다.

첫 번째 지인의 말에 나는 100% 공감한다. 잎싹의 모성이 조금만 덜 비장해서 자식뿐 아니라 자신의 행복도 살필 수 있었더라면, 그래서 자식이 떠난 뒤 껍데기만 남은 생이 아니었다면 더 좋았을 것이다. 그러나 두 번째 후배의 말에는 다른 할 말이 있다.

“네 말처럼, 많은 여성들이 헌신적인 조연으로 살아. 하지만 그건 그들에게 생의 주연이 되는 또 다른 방식이란다.”

엄마의 전화가 걸려온 것은 해질녘이었다. 저녁반찬을 만들고 있을 때였다. 엄마의 목소리는 바늘구멍을 통과하듯 작고 가녀렸다. 사흘째 아무것도 먹지 못했고 구역질이 멈추지 않는다고 했다. 마침 일요일. 갈 곳은 응급실밖에 없었다. 나는 얼른 가스레인지를 끄고 차키를 집어들었다. 차창 밖으로 눈 덮인 논밭들이 휙휙 지나갔다.

어릴 적 아플 때마다 '명 소아과'로 가던 길이 생각났다. 버스를 타고 가는 동안 엄마는 애가 닳아 몇 번이고 내 이마를 만지며 중얼거렸다.

"큰일 났다. 불덩이 같다."

나는 자주 아팠던 아이임이 틀림없다. 명 소아과로 가던 길이 유년의 기억 속에서 여러 차례 중복되는 걸 보면. 그러니 나보다 훨씬 병약했던 오빠를 포함, 삼남매를 키웠던 엄마는 몇 번이나 애태우며 병원으로 달려갔던 걸까. 그래도 아픈 자식 앞에서 엄마의 긴장감은 늘 새로웠던 모양이다. 하얀 유니폼을 입은 간호사가 내 겨드랑이에서 체온계를 빼낼 때, 엄마는 버스를 타고 오느라 찬바람에 날아가버린 열까지 정확히 포함시켜야 한다는 듯 꾹꾹 눌러 말하곤 했다.

"집에선 이것보다 더 뜨거웠어요!"

응급실 인턴에게 1차로 엄마의 병세를 요약했다. 젊은 인턴은 피로해 보였지만 차분하게 경청하고 메모했다. 그것만으로도 황급히 달려온 환자와 보호자는 다소 안도가 되었다. 인턴이 사라진 뒤, 엄마가 응급실에 누워서도 모자를 쓰고 있다는 것을 깨달았다. 손질하지 못한 머리 때문일 것이다.

"엄만 응급실에서 누가 본다고. 머리도 아프다며 모자는 뭐 하러 써?"

모자를 벗기자, 납작하게 눌린 엄마의 파마머리가 드러났다. 아직 염색되지 않은 뿌리 부분이 희다. 엄마는 약간 당황한 듯했지만 곧바로 멈췄던 신음을 잇기 시작했다.

유년의 기억 속에서 엄마는 한 번도 아름답지 않은 순간이 없었다. 흰 피부에 갈색 눈동자, 높다란 콧대와 다소 도톰하게 벌어진 입술. 세상 모든 아이들이 저마다 자신의 엄마가 가장 아름답다고 믿으며 자라게 되지만, 그리고 어느 날 그 믿음이 깨어지는 경험을 하게 되지만, 엄마는 객관적인 척도로 봐도 아름다운 사람이었다.

엄마가 아름다울 수 있었던 것은 생래적 아름다움에 더해 늘 가꾸고 꾸미는 것에 부지런했기 때문이었다. 하루도 화장을 하지 않는 날이 없었다. 드물게 화장을 하지 않는다면 그건 오늘처럼 응급실에 실려올 만큼 아픈 날뿐이었다. 생각해보면 엄마는 모든 면에서 부지런했다. 언제나 쓸고, 닦고, 튀기고, 볶았다. 장을 담그고 연탄을 갈았다. 화장을 한 채로.

덕분에 유년 시절의 우리 집은 내게 자랑이었다. 반짝반짝 윤이 나는 집. 겨울에도 훈훈한 집. 달큰한 음식향이 감도는 집. 그 집 거실을 엄마가 화사한 홈드레스를 입고 아름다운 여주인공처럼 걸어다녔다. 후배의 말대로라면 그 시절이야말로 엄마가 생의 한 덩어리를 푹 떠서 자식에게 내준 진짜 '조연'의 시절이었을 것이다. 그런데 내 눈에 엄마는 분명 주인공이었다. 엄마라는 생을 힘차게 살아가는 주인공. 나는 언제고 그 아름다운 여주인공에게 뛰어가 매달리며 가슴을 만질 특권이 있었다.

"심전도를 체크하겠습니다. 윗옷을 올리세요."

남자 간호사가 심전도 기계를 밀고 들어오더니 커튼을 쳐 침상을 가렸다. 내가 엄마의 셔츠를 올리자 맨가슴이 고스란히 드러났다.

기억난다. 저 가슴이 내게 주었던 수많은 위안들. 저 여린 가슴이 내게는 철갑처럼 안전했다. 저기 봄밤의 꽃향기가 머물렀다. 여름 한낮의 나른함이 괴었다. 가을의 선선함이 다가오면 나는 더 바짝 품속으로 당겨졌다. 그렇게 계절이 반복되던 어느 날, 나는 엄마의 가슴을 더 찾지 않았다. 분명히 기억한다. 내가 찾지 않은 것이 먼저였다. 때가 되었는데도, 때가 한참 지났는데도, 엄마는 먼저 나를 품 밖으로 내몰지 않았다. 초등학교 졸업이 코앞으로 다가왔을 때까지도 나는 당연하다는 듯 엄마의 무르팍에 앉곤 했다. 때때로 눈이 휘둥그레진 손님 앞에서 엄마는 "얘가 막내라……" 변명 아닌 변명을 해야 했지만, 그렇다고 나를 밀어내진 않았다.

"크게 숨을 들이마시고 내쉬세요."

간호사의 지시에 따라 엄마가 힘겹게 큰 숨을 만들었다. 가슴이 가늘게 떨며 높아졌다 낮아졌다. 이제 엄마는 더 이상 여주인공처럼 찬란하지 않다. 나의 고민도 엄마의 가슴 속에서 철갑을 입지 못한다. 어느덧 우리는 이렇게 '일이 있을 때' 만날 뿐이다. 나는 엄마의 가슴을 바라보며 생각했다. 사람의 몸은, 그중에서도 엄마들의 몸은 얼마나 많은 손길을 거치는 걸까. 얼마나 많은 베풂과 약탈을 겪어내는 걸까. 미안함이 순식간에 목까지 들어찼다.

"얘, 이렇게 서 있게 해서 어떡하니? 여기 침대 한쪽에라도 앉아라. 이렇게 오래 시간을 빼앗아서 어떡하니……."

"엄만 별말을 다 해. 난 매일 앉아서 일하잖아. 일부러라도 운동 삼아 서 있어야 돼. 그리고 오랜만에 엄마랑 단둘이 있으니까 좋은데."

그래도 엄마는 몇 차례 더 걱정을 했다. 당신 때문에 사위와 외손자가 저녁을 찾아 먹게 생겼다는 걱정, 아빠가 걱정하고 계실 거라는 걱정, 그러고는 다시 내가 의자 없이 서 있는 걱정……. 엄마들은 마치 레고로 만들어진 사람들 같다. 조각조각 자신의 분신들을 떼어서 가족들에게 나눠준다. 그러고도 아까워하기는커녕 더 줄 것이 없다며 걱정을 한다.

혈액검사 결과가 나오려면 한 시간 반 정도 기다려야 한다고 했다. 마침내 응급실 한 귀퉁이에서 의자를 구했다. 링거액이 들어감에 따라 구토가 조금씩 진정되었다. 엄마는 한결 여유가 생겼다. 나는 엄마의 손을 잡은 채 엄마 쪽으로 몸을 기울였다. 엄마의 이야기를 듣기 위해서였다. 엄마에겐 많은 이야기가 있었다. 아빠에게 섭섭했던 일화들이 있었고, 매주 챙겨 보는 주말드라마 〈내 딸 서영이〉의 총천연색 줄거리가 있었고, 오래전 얽혔던 시댁식구들과의 앙금도 있었다.

이 힘없는, 그러나 끝없는 엄마들의 넋두리에 임하는 청자에게는 꼭 한 가지 필요한 자세가 있다. 바로 '공감'이다. 옳고 그름을 판단하면 안 된다. 토를 달아서도 안 된다. 내내 하늘을 날던 새가 잠시 개울가에 앉아 물을 마시며 배쫑배쫑 노래하듯, 엄마들은 기나긴 노동 사이에 주어진 막간을 이용해 노래하는 것뿐이다. 청자들은 그저 새의 노래에 따라 고개를 끄덕거리기만 하면 된다. 결코 새처럼 훨훨 날아가버릴 수 없었던 그녀들의 묵은 이야기들을 따라.

조금이라도 고개를 들어 주변을 둘러보면 전형적인 한밤의 응급실 풍경이었다. 옆 침대에선 누군가 조금씩 신음을 높여갔고, 수술실 앞에선 팔뚝에 문신을 새긴 남자가 고래고래 소리 지르며 의사의 멱살을 잡으려고 했다. 그런데…… 나는 개울가에 앉아 있었다. 배쫑배쫑 노래를 들으며 오래전 어느 날처럼 철갑을 입고 평안하였다. 물가의 초록 풀들이 바람 따라 살랑거렸다. 내가 앉아 있는 돌막도 맨질맨질 부드러웠다. 엄마의 노래는 맑은 봄날의 햇살처럼 나뭇잎들을 어루만졌다. 나는 눈을 감고 내 손안의 엄마 손을 느꼈다. 얼음처럼 차갑던 손이 조금씩 따뜻해지고 있었다. 그토록 많은 젖과, 그토록 풍부한 부드러움과, 그토록 뜨거운 체온을 빼앗은 뒤에야 나는 내 체온의 아주 보잘것없는 일부를 엄마에게 돌려드리고 있었다. 수액은 아주 잘 들었다. 말간 개울물이 계속 기분 좋게 흘렀다.

문득, 나는 이것이 작은 소풍이란 걸 알았다. 바쁘다는 핑계로 단 한 번 떠나보지 못한 모녀 간의 소풍. 엄마는 한 번도 자식을 먼저 밀쳐내지 않았는데, 초록머리가 잎싹을 떠난 것처럼 자식은 제 발로 품에서 떠났다. 그리고 세상 떠도는 맛에 시간 가는 줄 몰랐다. 제 아들에게는 아낌없이 세상 구석구석을 보여주면서, 엄마와는 고작 응급실로 소풍을 왔다. 엄마는 이제껏 그랬던 것처럼, 그것 역시 섭섭하게 여기지 않았다. 그래서 잠깐 노래를 멈추고 침상에 누운 채 말했다.

"고맙다."

그리고 또 말했다.

"미안하다. 네 시간 너무 많이 뺏었다."

노래의 한가운데서 돌연, 엄마가 운다. 〈내 딸 서영이〉가 엄마를 그리워하며 우는 대목이었다.

"나도 아프니까 우리 엄마가 보고 싶구나……."

혈액검사 결과는 무탈했다. 약을 받아들고 퇴원했다. 아빠가 한시름 놓으신 얼굴로 우리를 맞았다. 나는 엄마를 방에 뉘어드리고 수건을 적셔 건조한 방에 널었다.

"울 엄마, 잘 자. 오늘 엄마랑 실컷 있어서 참 좋았어. 하지만 내일은 아프지 마."

"그래. 너 정말 애 많이 썼다."

나는 방문을 나서려다 말고 뒤돌았다. 아기처럼 이부자리를 기어갔다. 그리고 엄마 뺨에 입을 맞췄다. 엄마가 잠시 젊은 여주인공처럼 '호호' 웃었다.

론다에서 보낸 사흘

100만 번 산 고양이

사노 요코 지음

"마음이 없을 때,
모든 것은 그저 기계적인 '반복'이다."

백만 번이나 죽었다 살아난 고양이가 있었다. 멋진 얼룩을 지닌 고양이었다. 백만 명의 사람이 그 고양이를 귀여워했다. 그리고 그 고양이가 죽을 때마다 울었다. 고양이는 단 한 번도 울지 않았다. 임금님의 고양이가 되어 전쟁터에서 화살에 맞아 죽었을 때에도, 뱃사공의 고양이가 되어 바다에 빠져 죽었을 때에도, 서커스단의 고양이가 되어 마술사의 실수로 죽었을 때에도, 주인들은 모두 슬퍼

했지만 고양이는 슬프지 않았다. 죽는 것 따위 아무렇지도 않았다.

누구의 고양이도 아닌 적도 있었다. 자기만의 고양이가 된 것이다. 그때는 암고양이들이 그의 멋진 얼룩을 좋아했다. 고양이는 온갖 선물과 애정공세를 받았다. 그래도 소용없었다.

고양이는 말했습니다.
"나는 백만 번이나 죽어 봤다고. 새삼스럽게 이런 게 다 뭐야!"
고양이는 그 누구보다 자기 자신을 좋아했던 것이죠.

『100만 번 산 고양이』, 사노 요코 지음, 김난주 옮김, 비룡소

그런데 암고양이 무리 중에 하얗고 예쁜 고양이가 있었다. 하얀 고양이는 그가 '백만 번이나 죽어 봤다'고 말해도 '그러니' 할 뿐이었다. 서커스단에서 배운 묘기를 선보여도 '그래' 할 뿐이었다. 고양이는 어쩐지 하얀 고양이에게 끌렸다. 곁에 붙어 있기로 했다. 그들은 새끼를 많이 많이 낳았다. 그렇게 고양이에겐 자기 자신보다 더 좋아하는 것들이 생겼다. 이제 그는 "난 백만 번이나……"라는 말 같은 건 하지 않았다.

하얀 고양이는 할머니 고양이가 되었고 마침내 죽었다. 그는 처음으로 울었다. 백만 번이나 울었다. 그리고 하얀 고양이 곁에서 다

시 되살아나지 않았다.

돈이 많은 사람은 돈을 귀하게 여기지 않는다. 백만 원쯤이야. 그에겐 오늘 돈을 아낄 이유가 없다. 여자가 많은 남자도 여자를 귀하게 여기지 않는다. 여자가 너밖에 없냐? 눈앞에서 여자가 사랑 고백을 해도 귀찮을 뿐이다. 시간이 많은 사람도 마찬가지다. 쳇, 어차피 차고 넘치는 시간. 그에겐 벌떡 일어나 뛰어야 할 이유가 없다.

과유불급. 무엇이든 넘치면 재앙이 된다. 바람이 넘치면 폭풍이 되고 물이 넘치면 홍수가 된다. 우리는 넘치는 것보다 모자란 것을 귀히 여기고, 귀한 것에만 마음을 주게 되어 있다. 마음이 없을 때, 모든 것은 그저 기계적인 '반복'이다. 그것이 목숨이라 해도. 하얀 고양이에게 마음을 주기 전, 백만 번이나 목숨을 반복한 그 고양이처럼.

지난여름 잠시 스페인에 다녀왔다. 유난히 많은 일에 시달리다가, 간신히 막간을 이용해 떠난 여행이었다. 떠나기 직전까지도 우왕좌왕 일처리에 매달렸다. 다 쓴 치약튜브를 쥐어짜듯 남은 힘을 쥐어짰다. 짧은 여행을 마치고 돌아와도 변함없이 치약튜브를 비틀어 짜야 하는 상황이었다. 앞을 보아도, 뒤를 보아도 그저 피곤하기만 했다. 그래서 나는 이 짧은 여행을 위해 가장 현실과 닮지 않은 공간에 숙소를 예약해두었다. 동화 속 마을 같은 곳, '론다'에.

첫날, 론다는 완벽했다. 새하얀 스페인 전통가옥들이 골목마다 빼곡했다. 나뭇가지에는 오렌지들이 주렁주렁 매달렸다. 할머니들이 창가의 화분에 물을 주며 푸근하게 미소 지었다. 바람이 안달루시아 평원을 건너오면 상점에 걸린 하얀 블라우스들이 하늘하늘 춤을 추었다. 오오오! 마음의 각질들이 바람 따라 우수수 날아갔다.

숙소는 깎아지른 절벽 위에 있었다. 발코니에 서면 깜짝선물처럼 확 트인 들판과 산이 펼쳐졌다. 게다가 –누가 기타의 본고장 아니랄까봐– 아름다운 기타 선율이 발코니를 타고 흘러들어왔다. 심장이 쿵 내려앉을 만큼 멋진 연주였다. 발코니에서 고개를 내밀어보니, 잘생긴 기타리스트가 숙소 옆에서 연주를 하고 있었다. 딱 사흘. 그것이 내가 론다에서 보낼 수 있는 시간이었다. 발코니에 서서 매혹된 채로, 나는 바보처럼 중얼거렸다. 꼭 돌아가야만 하는 거야? 메마른 치약 튜브를 짜러? 꼭? 꼭……?

아침식사는 뷔페로 차려졌다. 안달루시아 전통음식은 물론 각종 치즈와 과일과 초콜릿까지. 원한다면 족히 오전 나절을 먹으면서만 보낼 수 있을 정도로 화려한 차림이었다. 나는 달콤한 케이크로 식사를 마무리한 뒤 발코니에 앉아 배를 두드렸다. 잘생긴 기타리스트는 로망스를 연주하고 있었다. 스페인 남부의 태양이 기분 좋게 이마를 달궜다. 절로 상상에 빠져들었다. 여기서 저 기타리스트와 사랑에 빠지는 거야. 돌아가지 않는 거야. 영원히 머무는 거야.

종일 거닐었다. 카메라를 들이대는 대로 그림이 되었다. 골목이 골목을 불렀다. 무작정 거닐다보면 광장의 나무 그늘 아래 이르렀다. 꼬맹이들이 자그만 분수에서 물장난을 쳤다. 아가씨들이 육감적인 엉덩이를 흔들며 오래된 포도鋪道를 걸었다. 나는 줄 끊어진 풍선처럼 둥둥 떠다녔다. 워낙 작은 마을이어서 몇 차례 기타리스트가 연주하는 길목을 지나게 되었지만, 상상 속에서 일생을 걸어볼 참이었던 그에게 정작 현실에선 말 한 마디 걸지 않았다. 실은 아무에게도 말을 걸지 않았다. 그럴 필요가 없었다. 전혀 외롭지 않았다. 내 삶은 스스로 흡족했다.

둘째 날, 다시 아침이었다. 어제 무한대로 보였던 뷔페의 음식들은 가짓수가 좁혀졌다. 어제 먹어본 결과 맛있던 것과 맛없던 것으로. 그러므로 새로이 깜짝 놀랄 만한 맛은 없었다. 기타리스트가 다시 로망스를 연주했다. 나는 허밍으로 따라 했다. 그다음에 어떤 곡이 이어질지 순서를 암기하고 있었기에 허밍은 끊어지지 않았다. 심장이 쿵 내려앉지도 않았다.

숙소를 나서니 새롭게 떠오른 스페인 남부의 태양이 이마를 달궜다. 선글라스를 쓰며, 잠시 미간을 찡그렸다. 어제 구석구석 다 돌았으니 오늘은 어딜 가보나……? 가보지 않은 곳을 선택하려니 마을 끝 가장자리였다. 그곳은 중심가처럼 매력적인 구시가지 풍경을 하고 있지 않았다. 어쨌든 꾸역꾸역 가장자리까지 돌았다.

그러고도 시간이 남아 오후에는 절벽 아래까지 내려가보았다. 길이 좋지 않아 몇 번 미끄러졌다. 철조망도 뛰어넘어야 했다. 마침내 바닥에 다다랐을 때는 별것 없었다. 바위와 풀과 마른 물줄기. 그런데 금발의 젊은 연인 둘이 거기서 진하게 애무를 하고 있었다. 이크, 여기 앉아 훼방꾼 노릇을 할 순 없겠군. 다시 미끄러지며 올라왔다. 철조망도 뛰어넘었다. 숙소로 돌아왔을 때 나는 땀과 먼지투성이였다.

샤워를 마치고 발코니에 앉았다. 결국 이렇게 절벽 위에서 보는 풍경이 가장 아름답다는, 남들 다 아는 결론을 새롭게 얻었다. 해가 지고 있었다. 기타리스트는 하루 일과를 마치고 가방을 꾸리는 중이었다. 벌이가 좋지 않은 하루였던 것 같다. 그다지 얼굴이 밝아 보이지 않았다.

셋째 날, 숙소의 식당으로 내려갔다. 이미 나는 구석 자리에 놓인 쿠키까지 암기할 수 있었다. 당연히 침샘은 격렬히 반응하지 않았다. 대신, 자꾸 남편이나 아들이 좋아할 만한 음식이 눈에 밟혔다. 한국까지 싸가지고 갈 수도 없고……. 나는 구시렁대며 접시에 조금씩만 음식을 담았다. 달콤한 디저트를 먹으면서도 역시 구시렁댔다. 이건 설탕이 좀 과하군. 남편과 아들아이가 옆에 있었으면 할 법한 말들이 들려왔다. "설탕이 뭐가 과해? 난 완전 맛있는데. 한 번 더 갔다 와야겠어." "엄마, 나 이제 아이스크림 먹어도 돼?" 산해진미로 가득 찬 식당이었다. 안달루시아의 완벽한 평원이 내려다보였다. 그런데 나는 그 고양이처럼 생각하고 있었다. '새삼스럽게 이런 게 다 뭐야?' 외로웠다. 내가 마음을 준 것이 거기 없어서.

로망스가 울려 퍼졌다. 정말, 매일, 똑같은 레퍼토리구나. 신기하도다. 심장을 쿵 내려앉게 하던 음악이 사흘 만에 한국에서 애국가를 들을 때처럼 덤덤하게 들리다니. 베란다에서 잘생긴 기타리스트를 바라보니, 퍽 낯익은 표정을 하고 있었다. 내가 한국에서 잘 짓는 그 표정. 생존을 두 어깨 위에 올려놓은 어른의, 지치고 생기 없는 얼굴. 그에게 일생을 걸지 않은 건 잘 한 일 같았다. 대신 말을 걸었다.

"그 CD 얼마예요?"

나는 CD를 정성스럽게 포장해서 여행가방 깊숙이 넣었다. CD는 내게 고마운 책 한 권이 될 것이다. '반복'에 대한 성찰이 담긴 책. 내가 매일의 반복 속에서도 마음을 다해 끝까지 지키고 싶은 것들과 금방 질려 내려놓는 것들의 목록이 그 안에 있었다. 집으로 돌아가 이 CD를 들을 때마다, 나는 론다에서 사흘 동안 써내려간 이 목록을 상기하게 될 것이다. 고양이처럼 백만 번이나 반복하지 않고도 알 수 있어서 얼마나 다행인가. 다시 치약튜브를 비틀어 짜러, 체크아웃을 하고 숙소를 나섰다.

신념의 숲에서 자라는 아이들

나무를 심은 사람

장 지오노 지음

“신념은
계산이 없을 때 묵묵히 지켜진다.
그리고 기적을 만들어낸다.”

나무는 인간보다 먼저 생겨났다. 예나 지금이나 한결같이 광합성을 하고 씨앗을 퍼뜨린다. 반면, 인간은 한결같은 존재가 아니다. 인간은 한때 나무의 영혼을 믿었다. 거대한 나무에는 신격을 부여하고 섬기기까지 하였다. 그러나 산업화를 거치면서, 인간은 영혼을 버리고 물질을 택했다. 큰 나무는 그저 쓸모가 많은 물질로 강등되었다.

인간은 비단 나무뿐 아니라, 모든 존재를 두고 쓸모를 계산하게 되었다. 친구든, 연인이든, 동료든, 이득에 따라 쓸모를 결정하는 것은 지금 우리 삶의 지배적인 방식이다. 상상하고 창조하고 배려하는 인간만의 고매한 능력은 한낱 계산능력 앞에 이르러 잡기로 치부된다. 상상력을 발휘하는 아이들 앞에서 어른들은 말한다.

"쓸데없는 소리 말고 얼른 시험공부나 해!"

배려하는 아이들 앞에서 어른들은 또 말한다.

"걔네들은 다 네 경쟁자거든!"

그러므로 『나무를 심은 사람』의 주인공 엘제아르 부피에는 요즘 기준으로 바보 중에 상바보다. 계산할 줄 모른다. 그는 누구의 땅인지도 모르는 곳에 씨앗을 심었다. 메마른 황무지였다. 거기서 그는 보이지 않는 숲을 상상했다. 그것을 누릴 사람들을 배려했다. 초인적인 수고와 좌절을 마다하지 않고 숲을 창조했다. 아무도 알아주지 않았다. 스스로 알리지도 않았다. 실의에 빠지거나 의심도 품지 않았다.

신념은 계산이 없을 때 묵묵히 지켜진다. 그리고 기적을 만들어 낸다.

마을들이 조금씩 되살아났다. 땅 값이 비싼 평야지대의 사람들이 이곳으로 이주해 와 젊음과 활력과 모험정신을 가져다 주었다. 건강한 남자와 여자들, 그리고 밝은 웃음을 터뜨리며 시골 축제를 즐길 줄 아는 소년 소녀들을 길에서 만날 수 있었다. 즐겁게 살아가게 된 뒤로 몰라보게 달라진 옛 주민들과 새로 이주해 온 사람들을 합쳐 1만 명이 넘는 사람들이 엘제아르 부피에 덕분에 행복하게 살아가고 있었다.
한 사람이 오직 정신적, 육체적 힘만으로 홀로 황무지에서 이런 가나안 땅을 이룩해낼 수 있었다는 것을 생각하면 나는 그 모든 것에도 불구하고 인간에게 주어진 힘이란 참으로 놀랍다는 것을 깨닫게 된다.

『나무를 심은 사람』, 장 지오노 지음, 김경온 옮김, 두레

엘제아르 부피에처럼 신념을 지키며 사는 이들은 드물지만, 사실 언제나 있어 왔다. 나는 이들의 숲에서 자라난 아이들이 작은 기적이 되는 것을 보았다.

과천에 있는 초등학교 가운데 무지개학교가 있다. 대안학교인 이곳에서는 재작년 중등부를 신설해 처음으로 중학교 1학년을 받았다. 대부분 무지개학교에서 초등과정을 마친 아이들이 그대로 올라와 중학교 신입생이 되었다. 이 신입생들은 초등학교 입학 때부터 중증 장애우 두 명과 함께 공부했다. A는 그 장애우 중 한 명이다. 사실 A는 무지개학교에 들어오기 전에 공동육아 어린이집에 있었는데, 거기서부터 같은 방에 있던 친구들과 함께 이곳으로 오게 된 것이다. 다시 말해, 무지개 중학교 1학년 가운데 몇몇은 아장아장 걷던 시절부터 A와 줄곧 지내왔단 뜻이다.

비장애인과 장애인이 함께 생활하고 공부한다는 것은 참 여러 의미를 지닌다. 아마 경험해보지 않은 사람들의 짐작을 한참 초월하는 일일 것이다. 이를테면, 어린이집 시절 유아들은 A의 이해할 수 없는 행동 때문에 고통받았다. 꼬집힘을 당했고, 얻어맞았고, 시도 때도 없는 괴성에 시달렸다. 선생님은 A를 돌보는 것만으로도 벅차 다른 아이들을 거의 돌보지 못했다.

그때 내게 그 아이들의 부모는 대단하게 생각되면서도 동시에 무리한 '운동가'들처럼 보였다.

그 아이들이 초등학교 저학년이 되었을 때의 일이다. 그들이 공원에서 놀고 있을 때 장애우가 나타났다. 다른 학교 아이들이 장애우를 놀렸다. 무지개학교 아이들이 다가가서 말했다.

"그러지 마. 몸이 불편하지만, 우리와 똑같은 친구야."

나는 그 아이들의 부모에게 경외감이 들기 시작했다.

아이들이 6학년이 되어 졸업 여행을 갔다. 마침 자기들끼리만 있던 목욕탕에서 A가 바지에 대변을 보고 말았다. 무지개학교에서 '회의'는 생활이다. 아이들은 얼른 대책을 의논했다. 친구가 부끄럽지 않도록 하려면, 다른 사람들이 눈치채지 못하게 움직여야 했다. 아이들은 대변을 팬티째 비닐에 넣어 꽁꽁 묶어버리고 친구를 씻겨주었다.

나는 부모들뿐 아니라 그 아이들에게도 경외감이 들기 시작했다.

아이들이 중학교 1학년이 되었다. A가 "학년대표가 되고 싶어!"라고 반복적으로 주장했다. A의 지능은 여섯 살 아이 수준이다. 대안학교에서 학년대표는 퍽 할 일이 많은 자리다. 대내적인 업무뿐 아니라 외부에 나가 학교를 소개하거나 손님들이 왔을 때 학교를 안내하는 등, 공부만 하는 일반 중학교와 달리 수많은 연례행사들을 치러내야 하는 자리다. 그러나 초등학교 내내 학년대표를 못 해본 A가 원하고 있었다. 아이들은 다시 회의를 했다.

"내년에 새로 동생들이 들어오면 A가 이끌어가기 정말 어려울 거야. A가 학년대표를 하려면 지금이 가장 좋은 때인지도 몰라. 부대표가 좀 많이 일하고 우리도 많이 도와주면 되지 않을까?"

아이들은 A를 학년대표로 선출했다.

지금, 그 아이들은 내게 작은 위인들이다.

두 손을 맞잡은 순간

눈사람 아저씨

레이먼드 브리그스 그림

"상어가 점점 가까워졌다.
나는 숨을 쉴 수가 없었다.
낯선 둘이 손을 맞잡고 할 수 있는 것의 최대치가
그 순간, 바로 거기에 있었다."

눈이 내린다. 집도 숲도 하얗게 파묻어버리는 대단한 눈이다. 소년은 신이 났다. 정신없이 마당으로 뛰어나가 눈사람을 만든다. 마지막으로 낡은 모자와 목도리를 씌워주자 크고 다정한 눈사람이 완성되었다.

소년은 잠자리에 들어서도 눈사람이 궁금하다. 엄마 아빠 몰래 살금살금 현관문을 열어본다. 그런데, 마당의 눈사람이 뒤돌아 소년에게 먼저 인사를 건네는 게 아닌가? 소년은 기뻐하며 눈사람의 손을 잡아 집으로 이끈다. 소중한 고양이도 보여주고 TV도 보여준다. 집 안의 모든 것이 눈사람에겐 마냥 신기하기만 하다.

이번엔 눈사람이 소년을 집 밖으로 이끈다. 손을 잡고 하늘로 뛰어오르자 가볍게 솟아오른다. 둘은 하늘을 난다! 저 아래 집이 내려다보이고 마을이 내려다보인다. 휘황찬란한 궁전 위를 날고 마침내 바다에 도착한다. 둘은 바닷가에 사이좋게 앉아서 먼동이 트는 것을 바라본다. 세상의 모든 것이 소년에겐 마냥 신기하기만 하다.

돌아갈 시간이다. 소년과 눈사람은 다시 날아서 집으로 돌아온다. 아쉬운 이별 포옹을 나눈 뒤 소년은 침대에 눕고 눈사람은 마당의 제자리에 선다. 아침이 밝았다. 소년은 눈을 뜨자마자 밖으로 뛰쳐나간다. 해가 쨍쨍한 날이다. 눈사람은 사라졌다. 모자와 목도리만을 남겨두고서.

『스노우맨』의 줄거리를 열거하는 것은 사족에 불과한 일인지도 모른다. 『스노우맨』은 글이 하나도 없는 순도 100% 그림책이기 때문이다. 마법처럼 부드러운 레이먼드 브리그스의 파스텔 그림은, 독자가 글을 모르는 어린아이든 문자의 두통으로부터 탈출하고 싶은 어른이든 스노우맨의 손을 잡고 하늘을 훨훨 날게끔 만들어준다.

스노우맨은 차가운 눈으로 빚어낼 수 있는 가장 따뜻한 꿈이다.

바닷속을 그렇게 날아본 적이 있다. 내가 잡았던 손도 스노우맨의 손만큼이나 크고 강했다. 덩달아 나도 크고 강한 사람이 될 수 있었다. 꿈같았다.

보트에는 열 명이 타고 있었다. 일곱 명은 라이프자켓을 입었다. 고래상어를 보러 온 여행자들이었다. 세 명은 수영복 위에 셔츠차림이었다. 고래상어를 찾아줄 현지 남성 가이드들이었다. 고래상어는 세상에서 가장 큰 어류이다. 명색이 상어이고 고래처럼 거대하지만, 입으로 드나드는 플랑크톤만 먹고 산다. 한마디로 평화로운 바닷속 거인이라고 할 수 있다. 일곱 명의 여행자들은 이 바다 거인과 헤엄치는 놀라운 경험을 위해 필리핀의 돈솔에 모인 것이다.

바다에서 고래상어를 찾는 과정은 아프리카 사바나에서 사자를 찾는 과정과 비슷하다. 사바나에서 가이드가 도시인 눈에는 아무것도 보이지 않는 먼 곳을 가리키며 "저기다!" 말하고 지프차를 몰면 거기 사자가 있듯, 바다에서 가이드가 주변을 살피다가 도시인 눈에는 물뿐인 지점을 가리키며 "저기다!" 외치고 보트를 이동하면 그 지점에 고래상어가 있다. 차이점이라면 사자는 매우 게을러서 웬만하면 움직이지 않는 반면, 고래상어는 매우 빠르게 헤엄쳐 이동한다는 것. 그래서 보트가 제아무리 전속력으로 당도해도 이미 사라져버리는 일이 부지기수라는 것. 우리는 번번이 허탕을 쳤다.

만약 고래상어가 우리가 당도할 때까지 기다려주면 가이드 존이 다급하게 외쳤다.

"지금 뛰어드세요!"

그리고 말을 마치기도 전에 물로 뛰어들어 우리를 기다렸다. 처음에 우리는 멈칫했다. 천 길 물속이었다. 게다가 선미船尾의 프로펠러는 미친 듯이 돌고 있어서, 여차하면 뛰어드는 즉시 그리로 빨려들 것만 같았다. 우리는 그러면 늦는 줄 알면서도 망설였다. 존이 재촉했다.

"빨리 뛰어들어요!"

점차 적응이 되었다. 우리는 민첩해졌다. 보트가 서자마자 존과 동시에 뛰어들었다. 죽을 둥 살 둥 헤엄쳤다. 드디어 우리 중 처음으로 고래상어를 본 사람이 생겨났다. 그는 형언하기 어려운 표정을 짓고 있었다.

"어땠어요?"

"오……! 직접 봐야 돼요."

말을 넘어서는 감동인 것 같았다.

점차 고래상어를 알현하기 위해선 세 가지 요인이 필수적이란 것을 깨달았다. 뛰어들 때 방향을 제대로 찍는 운, 어두운 물속에서 목표물을 빨리 식별해내는 눈, 고래에 버금가는 수영 실력.

뛰어드는 횟수가 늘어날수록 고래상어를 본 사람들 수가 늘어났다. 못 본 사람들은 점점 애가 닳았다. 중빈과 나는 특히 더 애가 닳았다. 우리를 제외하고는 모두 성인 남자들이었다. 게다가 내 수영 실력은 실내에서 25m 레인을 간신히 왕복하는 수준. 중빈의 실력은 나보다 나았지만 고작 여덟 살이었다. 아무리 빨리 뛰어들어도 우리는 언제나 뒤처졌다. 고래상어는커녕 물고기나 따라잡으면 다행이었다.

대부분의 여행이 그렇듯이, '고래상어를 보자'라는 계획 단계에서는 막상 벌어질 어려움을 예상하지 못했다. 하지만 대부분의 여행이 또 그렇듯이, 예상과 다른 어려움이 발생해도 어떻게든 해결이 되기 마련이었다. 세상에는 친절한 이들이 많기 때문에. 존도 그중 하나였다.

"꼬마야, 내 손을 잡아."

보트가 섰다. 존이 중빈의 손을 잡고 뛰어들었다. 잠시 후 물에서 나왔을 때 아이의 조그만 얼굴은 흥분으로 폭발 직전이었다.

"난 봤어! 정말로 봤어! 정말로 거대했어! 정말! 정말! 정말 거대했어! 입이 얼마나 큰지 나를 꿀떡 하는 줄 알았어!"

존이 이번에는 내게 손을 내밀었다.

"내가 이끌어줄게요."

물론 가이드에게 그럴 책임은 전혀 없었다. 게다가 존은 벌써 여러 차례 물에 뛰어드느라 지쳐 있는 상태였다. 하지만 그의 눈은 사려 깊었다. 나는 손을 내밀었다. 크고 마디가 굵은 손이었다. '철컥' 자물쇠 채워지는 소리라도 날 듯 존이 빈틈없이 손아귀에 힘을 주었다. 보트가 섰다. 존이 힘차게 나를 잡아끌었다.

"오오오오오!"

나는 일찍이 경험해보지 못한 속도로 물살을 갈랐다. 뛰어난 육상선수의 다리를 빌려 달리는 기분이었다. 존이 잡은 손을 흔들며 저 아래를 가리켰다. 고래상어였다! 어마어마하게 거대한 어미와 귀여운 새끼였다. 나는 스노클튜브를 입에 문 채로 비명을 질렀다. 흥분한 어린아이처럼 도저히 멈출 수가 없어서 몇 번이나 비명을 질렀다. 존이 기분 좋게 웃었다.

그가 다시 손아귀에 철컥 자물쇠를 채우더니 속도를 높였다. 고래상어를 능가하는 속도였다. 상어가 점점 가까워졌다. 나는 숨이 차서 죽을 지경이었는데도, 오히려 숨을 쉴 수가 없었다. 수십 미터에 달하는 거대한 상어가 손을 내밀면 닿을 거리에 있었던 것이다! 상어는 엄청난 힘으로 꼬리지느러미를 휘둘렀다. 맞으면 그 자리에서 즉사할 것 같았다. 또 비명을 질렀다.

존은 이제 상어의 등으로 올라갔다. 등을 거슬러 머리 쪽으로 혼신의 힘을 다해 나아가기 시작했다. 내게 고래상어의 얼굴을 보여주기 위해서였다. 여전히 상어보다 빠른 속도였다. 기대감 때문에 심장이 터질 것 같았다. 동시에 숨이 차서 폐가 터질 것 같았다. 상어 등에 있는 하얀 반점들이 내 아래에서 꿈틀꿈틀 휙휙 뒤로 지나갔다. 한 번도 접해보지 못한 거대한 생명체였다. 대평원을 공룡과 나란히 달리는 듯한 전율이었다.

손을 잡는다는 건 분리된 두 타자가 연결되는 일. 누군가의 손이 이토록 직접적으로 나를 새로운 차원의 경험으로 이끌어준 적이 있던가. 낯선 둘이 손을 맞잡고 할 수 있는 것의 최대치가 그 순간, 바로 거기에 있었다.

글을 쓰다보면 더 이상 한 자도 첨삭하지 않아도 좋다는 느낌이 올 때가 있다. 글이 '완성'되는 때이다. 음악도, 그림도, 모든 일이 마찬가지일 터이다. 더는 아무것도 바랄 것이 없어지는 때가 있다. 그 순간이 그러했다. 더 이상의 첨삭이 필요 없을 만큼 고래상어와의 경험은 완성되었다. 나는 상어의 얼굴이 필요하지 않았다. 존의 손을 놓았다. 헉헉 밀린 숨을 쉬었다. 도도하게, 상어가 멀어졌다.

해안으로 돌아왔다. 일행은 작별의 인사를 나눴다. 나는 존에게 고맙다는 말을 멈출 수가 없었다.

"고마워요. 고마워요. 고마워요."

존에게 악수를 청했다.

눈사람이 햇빛 속에 사라진 것처럼 존이 '완성해준 순간'도 어느덧 사라졌다. 눈사람이 모자와 목도리만 남긴 것처럼 우리에게도 추억만 남겨질 것이다. 하지만 그것 역시 좋다는 생각이 들었다. 순간은 녹아 사라지지만 추억은 간직되니까. 우리는 마지막으로 서로의 손을 꽉 잡았다.

울면서 걷는 여자

좀머 씨 이야기

파트리크 쥐스킨트 지음

“외롭고 답답할 때마다
걷고 또 걸었어요.
어딘가로 가고 있다는 느낌이 좋았어요.
날 괴롭히는 것들과 멀어지는 느낌이요.”

나는 나무타기를 좋아하는 꼬마다. 우리 마을에는 조금 기이한 아저씨, 좀머 씨가 산다. 지팡이를 짚으며 빠르게 걷는 아저씨다. 매일 목적지도 없이 이 동네에서 저 동네로 걷고 또 걷는다. 아무도 그가 걸음을 멈춘 것을 본 적이 없다. 왜 그렇게 계속, 왜 그렇게 빨리 걷는지도 알지 못한다. 그저 떠도는 이야기 속에서 여러 병증을 짐작만 할 뿐이다.

우박이 살인적으로 퍼붓던 어느 날, 나는 아버지와 자동차를 타고 가다 여전히 걷고 있는 좀머 씨를 발견한다. 아버지는 그에게 어서 차에 타라 권한다.

"그러다가 죽겠어요!"

아버지의 걱정에 그는 —간청하듯— 뜻밖의 대꾸를 한다.

"그러니 나를 좀 제발 그냥 놔두시오!"

또 다른 어느 날, 나는 개가 덤벼들어 피아노 수업에 지각한다. 피아노 선생님은 나를 인정사정없이 혼낸다. 이때 우연히 그녀의 코딱지가 건반에 묻고 나는 연주에 꼭 필요한 '그' 건반을 끝내 누르지 않는다. 영문을 모르고 분개한 선생님에게 쫓겨난 뒤, 나는 원망에 사로잡힌다. 개와, 코딱지와, 하느님에게. 나는 자살을 결심하고 높은 나무에 올라간다.

그때였다. 좀머 씨가 나무 아래 등장하더니 남몰래 걸음을 멈, 춘, 다. 아주 짧은 순간, 갈망과 절망이 뒤엉킨 신음을 뱉고는 빵을 입에 구겨 넣는다.

빵을 한 입 베어 물 때마다 마치 적이 숲에 깔려 있기라도 하는 듯, 혹은 어떤 포악한 미행자가 있어서 그 사람과 아저씨가 떨어져 있는 거리가 얼마 되지 않으며, 그 간격이 점점 좁혀

지는 상황이어서 언제라도 그 사람이 그 자리에 나타나기라도 할 듯이 의심스러운 눈초리로 사방을 자꾸 살피며 빵을 먹었다.

『좀머 씨 이야기』, 파트리크 쥐스킨트 지음, 유혜자 옮김, 열린책들

그리고 좀머 씨는 허둥지둥 일어서서 다시 속보로 걷는다. 그는 다만 일생을 죽음으로부터 달아나는 사람이었다. 그 모습에 허탈해져서, 나는 자살을 포기하고 나무에서 내려온다.

이후에도 좀머 씨는 계속 걷는다. 나는 성장하여 이제 인생 최고의 순간을 향유한다. 담배도 조금 피우고 자전거도 눈부시게 탈 줄 안다. 그러던 어느 늦저녁, 집으로 돌아가던 나는 의외의 곳에서 좀머 씨를 발견한다. 어두운 호숫가에서. 그는 물 가운데로 천천히, 천천히 걸어 들어가고 있다. 하지만 나는 그를 내버려둔다. 완전히 물속으로 사라질 때까지. 오래전 들었던 그의 고통스러운 신음 소리와 '그러니 나를 좀 제발 그냥 놔두시오!'라는 간청을 생각하면서.

이 이야기에서 주인공 '나'는 약동하는 생명이다. 나무 꼭대기에서 오줌을 누는 쾌감을 즐기기도 하고 첫사랑에 잠 못 이루기도 하는 생명과 성장의 상징이다. 좀머 씨는 죽음의 상징이다. 내가 성장통을 겪는 순간마다 저승사자처럼 검은 외투를 입고 등장하여 죽

음을 들여다보게 하는 사람이다. 어쩌면 성장이란 한 걸음씩 죽음에 다가서는 일. 나는 좀머 씨로 인해 삶 속에 죽음을 들이고 죽음 안에 삶을 들이는 법을 배운다.

누구의 인생이든, 죽음과 삶이 적정한 분량씩 안배되지 못하면 교란이 일어난다. 삶으로만 가득 찬 사람은 천년만년 살 것처럼 욕심을 부리고, 죽음으로만 가득 찬 사람은 당장 자포자기하여 목숨을 내던진다.

삼월의 어느 일요일, 좀머 씨처럼 부단히 걷던 한 아가씨를 만난 적이 있다. 그것을 일종의 '워킹 테라피'라고 부를 수 있을까. 그녀는 걸음으로써 죽음과 삶을 적정히 안배하려 몸부림치고 있었다.

부부싸움을 하고 집을 나섰다. 자식과 배우자 중 어느 쪽이 더 어렵냐고 묻는다면, 나로서는 '배우자'라고 답할 것이다. 자식과의 관계는 다분히 동물적인 데가 있어 저절로 흘러가는 반면, 배우자와의 관계는 인간적인 노력을 경주해야만 유지되기 때문이다. 그날 나는 모든 노력을 잠시 멈춰버렸다. 그리고 차를 몰아 서울을 빠져나갔다.

한참을 달려 계룡산 아래 작은 마을에 이르렀다. 봄이었다. 햇살이 고왔다. 마을 입구 방앗간에는 쑥떡이 반짝반짝 먹음직스럽게 윤을 내고 있었다. 구차하기도 해라, 이 상황에 식욕이라니. 그러면서도 떡을 집어들었다. 무작정 걷기 시작했다.

꼬부랑 할머니 한 분이 앞에서 유모차를 밀었다. 할머니의 기발한 차림은 나를 풉, 웃게 했다. 어디서 났는지, 속칭 '깔깔이'라 하는 카키색 군복 내피로 상하의를 모두 완성하였다. 겨우내 상당히 쓸모 있는 작업복이 되었으리라. 할머니는 부지런히 냉이를 뜯어 유모차에 실었다.

"할머니, 쑥떡 드실래요?"

우리는 길에 철퍼덕 주저앉아 떡을 먹기 시작했다. 유모차에는 이미 냉이가 한가득이었다.

"세상에, 오늘 다 캐신 거예요?"

"그럼 올해 거지, 작년 건가?"

그때, 누군가 끼어들어 설명해주었다.

"할머니는 잘 안 들리세요. 연세가 아흔넷이세요."

목소리의 주인공을 올려다보았다. 아가씨였다. 그녀와 눈이 마주친 순간, 당황했다. 눈에 눈물이 가득했다. 대뜸 왜 우느냐고 물을 수도 없어 떡부터 권했다.

바야흐로, 봄날 시골길에 앉아 쑥떡을 먹는 기이한 '웅녀들의 모임'이 결성되었다. 난청의 깔깔이 할머니, 부부싸움 하고 뛰쳐나온 아줌마, 울며 다니는 아가씨. 나는 오래전 인근에 3년간 살았었단 이야기를 했다. 아가씨는 내려온 지 2년 되었다고 했다. 할머니는 대화에 참여하지 못한 채 떡만 열심히 드시다 "잘 먹었다!" 하고 일어나셨다. 아가씨와 나는 그대로 앉아 있었다. 94세 할머니가 오래전 훌훌 털어버렸을 삶의 무게는, 아직 젊은 우리의 심중에서 납덩어리처럼 자리하고 있었던 것이다. 그래서 할머니처럼 가볍게 일어설 수가 없었던 것이다. 아가씨가 먼저 납덩어리를 꺼내놓았다.

"남자친구를 잃어버렸어요."

남자친구는 아팠다고 했다. 병세가 안 좋아져서 마지막으로 공기 좋은 곳에 오면 좋아질까 내려왔지만 결국 '잃어버렸다'고 했다.

"딱해라. 아직도 우는 걸 보니 정말 많이 좋아했나보구나."

"네, 정말 많이 좋아했어요."

그녀는 병간호를 위해 회사도 그만두었다고 했다. 내려오는 과정에서 반대하는 가족과도 헤어졌다고 했다.

"괜찮아요. 원래 그런 가족이었어요. 원하는 대로 하지 않으면 버리는 가족."

그녀는 하루의 대부분을 걸으며 보내고 있었다.

"남자친구와 걸었던 길을 걸어요. 추억을 생각하면서요."

그녀는 또 눈물을 훔쳤다. 걷는 건 오래된 습관이라고 했다. 어릴 적 아버지는 거의 집에 들어오지 않았고, 어머니는 생각날 때만 집에 들어와 '똑바로 안 하는' 그녀를 잡았다고 했다. 그녀는 외롭고 답답할 때마다 나가서 걸었고 걷다가 다리가 아프면 버스를 탔고 내려서 또 걸었다고 했다.

"어딘가로 가고 있다는 느낌이 좋았어요. 날 괴롭히는 것들과 멀어지는 느낌이요."

종일 걷는 그녀는 그을려 검었다. 머리카락엔 윤기가 없었고 돌보지 않는 몸엔 낡은 트레이닝복이 아무렇게나 걸쳐져 있었다. 돌볼 목적을 잃어 황량하게 방치된 몸은 그녀의 파릇한 젊음과 묘한 대조를 이뤘다.

"남자친구와의 추억은 좋은 것들이 많니?"

"네. 그건…… 신기하게도 좋은 것만 남았어요."

"그런데 왜 울면서 걸어?"

"좋은 것만 남은 게, 그게 슬퍼서요. 그렇게 좋았는데도…… 끝났으니까요."

또 눈물이 떨어졌다. 그녀에게 눈물은 이제 조절할 수 없는 분비물 같았다.

"맞아, 끝은 언제나 억울하고 슬프지. 그런데 끝이 있어야 시작도 있지."

나는 그녀의 어깨에 손을 올렸다. 깜짝 놀랄 만큼 앙상했다. 측은함 때문이었을까? 동시에 내게도 눈물이 전염되어버렸다.

"언니는 왜 울어요?"

상대방이 먼저 심장을 꺼내놓고 내게 만지게 했는데 무엇을 감추리.

"난 부부싸움을 하고 나왔어."

말을 뱉고 나니 부끄럽고 우스웠다. 나보다 훨씬 어린 이가 '삶과 죽음'을 말하며 눈물을 떨구는데, 나는 고작 '싸움'을 말하며 눈물을 떨구는구나. 그녀가 나보다 훨씬 성숙한 목소리로 말했다.

"에이, 싸우지 않는 법 있는데. 간단한데. 서로 '애기다' 생각하고 보듬어주면 되는데……."

내가 길을 떠날 때마다, 길은 언제나 그 떠남에 가장 적합한 스승을 보내주곤 했다. 오늘은 너로구나. 어린 스승이 내 눈물을 닦아주었다.

우리는 한참을 더 앉아 있었다. 입술에 고물을 묻힌 채로. 구차한 식욕과, 납덩이가 녹아서 흐르는 눈물과, 서로의 모자란 지혜를 버무려 다시금 하루 치 생을 견디고 있었다. 때때로 사람들이 지나갔다. 화사한 봄빛 때문에 길섶에 주저앉은 두 여인의 눈물 같은 건 다행히 보이지 않는 것 같았다.

저쪽에서부터 할머니가 도로 다가왔다. 우리 앞에 멈춰 서더니 자랑스럽게 새로 발견한 나물을 펼쳤다. 우리가 칭찬해드리자 할머니는 흡족한 미소를 띠며 일어섰다. 잠시 머물던 나물향도 할머니를 뒤따라 사라졌다. 종일 노동하면서도, 할머니의 늙은 걸음걸이는 가벼웠다. 세상사로부터 초탈한 가벼움이었다. 그 뒷모습이 일갈하는 듯했다.

'인생 짧다. 이것들아, 아껴들 살아.'

우리는 일어서서 걷기 시작했다.

해와 달과 별의 안식

작은 집 이야기

버지니아 리 버튼 지음

"그가 미소 짓는 순간,
짙푸른 녹음이 차르르 쏟아져 보도를 덮었다.
불현듯 가슴이 아팠다.
이제 막 세상 구경을 시작한 그에게
어쩐지 이 도시는 가혹하게 느껴졌다."

옛날, 어느 시골 마을 언덕에 작은 집 한 채가 있었다. 작은 집은 행복했다. 날마다 뜨는 해를 볼 수 있고 지는 해를 볼 수 있어서. 초승달이 뜨고 보름달이 뜨는 것도 볼 수 있어서. 달 없는 밤이면 저 멀리 도시의 불빛이 보이곤 했다. 그러면 작은 집은 그곳 생활은 어떨까 궁금해졌다.

작은 집은 언덕 위에서 계절이 지나가는 것도 보았다. 봄에는 사과나무가 꽃망울을 터뜨리는 것을, 여름에는 꼬마들이 웅덩이에서 헤엄치는 것을 보았다. 해가 바뀌어 사과나무가 늙어가는 것을, 꼬마들이 어른이 되어 도시로 가는 것을 보았다. 그러는 동안 도시의 불빛은 점점 더 밝아지고 점점 더 가까워졌다.

어느 날 작은 집 옆으로 도로가 생겼다. 트럭과 자동차가 지나다니더니 휴게소가 생겼다. 세상은 점점 더 바빠졌다. 도로가 늘어나고 마을이 나뉘었다. 작은 집은 큰 집들에 에워싸였다. 작은 집은 때때로 사라진 들판과 나무들을 그리워했다.

오래지 않아 작은 집 앞으로 전차가 다니기 시작했다. 위로는 고가전철이 다니기 시작했다. 밑으로는 지하철도 생겼다. 작은 집은 먼지와 소음 속에서 도통 계절을 구별할 수가 없었다. 사람들은 모두 뛰어다니기만 하는 것 같았다. 이제 해도 달도 별도 볼 수가 없었다.

> 작은 집은 너무 슬프고 외로웠습니다. 칠은 벗겨지고 더러워졌습니다……. 유리창은 깨지고 덧창은 비뚜름히 떨어져 나갔습니다. 작은 집은 초라해 보였습니다……. 작은 집 안은 변함없이 훌륭했는데도요.
>
> 『작은 집 이야기』, 버지니아 리 버튼 지음, 홍연미 옮김, 시공주니어

어떤 봄날, 한 부인이 작은 집 앞에 멈춰 섰다. "이 집은 우리 할머니가 어렸을 때 살았던 집이랑 똑같이 생겼어요. 시골 언덕 위에 있기만 하다면요." 그녀는 작은 집을 옮기기로 했다. 기중기로 들어올려 트럭에 연결했다. 작은 집은 도시를 빠져나와 한참을 달렸다. 어느 들판에 이르러, 부인은 사과나무가 자라는 언덕을 발견했다. 그곳에 작은 집을 옮겨놓았다. 그곳에선 다시 해와 달과 별이 보였다. 계절도 보였다. 시골에서는 온 세상이 조용하고 평화로웠다. 작은 집은 이제 도시의 삶이 궁금하지 않았다.

언덕 위 작은 집처럼 평화로웠던 한 사람을 알고 있다. 처음 만났을 때 그는 짙푸른 녹음에 둘러싸여 있었다. 그의 미소는 빛나는 햇살 같았다. 다시 그를 만난 것은 대도시에서였다. 그의 미소는 수많은 네온사인에 둘러싸여 더 이상 빛나지 못했다.

나는 작은 집이 언덕 위에서 보았던 꼬마들을 생각해본다. 어른이 되어 도시로 간 그들을. 그들은 아마도 도시에서 작은 집과 비슷한 변화를 감내해야 했을 것이다. 그렇다면, 그들도 작은 집처럼 결국 시골로 돌아갔을까?

내가 A를 만난 건 지중해 연안의 조그만 마을에서였다. 그 마을은 한적한 오솔길을 따라 고대 유적이 흩어져 있고 그 길이 끝나는 곳에 짙푸른 바다가 펼쳐지는 아름다운 곳이었다. A는 내가 머물던 숙소에서 일하는 젊은이였는데, 숙소의 여러 일꾼들 가운데 유독 눈에 띄었다. 모두가 과묵하게 일상의 노동을 반복하는 곳에서 그 혼자 세상에 대한 호기심과 열정이 넘쳤기 때문이다. A는 자신의 특별함을 알아보는 나를 좋아했다. 우리는 많은 대화를 나눴다. 그는 쉴 새 없이 세상에 대한 질문들을 던졌고, 나는 그에게 직접 나가서 세상을 볼 것을 권했다.

그로부터 2년 뒤 A에게서 연락이 왔다. 호주인 여자친구와 함께 한국으로 온다는 것이었다. A로서는 조그만 마을을 떠나 생애 최초로 먼 여행을 떠나는 것이었다. 나는 두 팔 벌려 환영했다. 그들을 집으로 초대하고 무슬림인 A를 위해 돼지고기가 빠진 저녁을 대접했다. 그들은 한국에 1년 정도 머물 예정이었다. 그동안 여자친구는 한국에서 영어강사로 일할 계획이었고 A는 차차 할 수 있는 일을 찾아볼 작정이었다. 나는 그들이 정착하는 데 필요한 것들을 알아봐주기로 했다.

며칠 후 종로에서 A를 만났다. 일자리를 구하려면 먼저 연락처가 필요했는데, 고용 보증인이 없는 외국인은 휴대전화를 개통할 수가 없어서 아쉬운 대로 내 명의의 휴대전화와 통장을 만들어 빌려주기로 했던 것이다.

종로는 언제나처럼 붐볐다. 늦가을이었다. 건조한 나날들이어서 여느 때보다 더 진한 잿빛이었다. 저만치 보도 끄트머리에서 A가 인파에 섞여 나타났다. 내 기억 속에서 A는 언제나 싱그러운 녹음과 함께였다. 녹음 사이로 떨어지는 빛방울들과 함께였다. A는 그 배경 속에서 건강하게 그을린 피부와 맑은 눈을 빛내며 미소 짓곤 했다. 하지만 잿빛 속에서 아름답게 빛날 수 있는 것은 실로 드문 것 같았다. 종로를 메운 사람들의 얼굴은 창백하고 음울했다. 그 배경 속에서는 A의 그을린 피부도 그저 어둡고 칙칙했다. 하지만 그의 눈만큼은 잿빛도 어쩌지 못했다. A가 나를 발견하고 환하게 미소 짓는 순간, 짙푸른 녹음과 빛의 방울들이 차르르 쏟아져 보도를 뒤덮었다.

통신사 대리점에 들어가 서류를 작성하는 동안 A는 대기자 의자에 앉아 나만 바라보고 있었다. 은행에 들어가 서류를 작성하는 동안에도 나만 바라보고 있었다. 그는 이곳 언어와 문자를 전혀 이해할 수 없었으므로, 두 사무실의 딱딱한 분위기 속에서 나는 그가 이해할 수 있는 유일한 대상이었던 것이다. 내가 잠깐씩 돌아볼 때마다 A는 방금 전 보도에서와 똑같은 미소를 지었다. 빛나는 눈으로 지중해 연안의 시골 마을을 몽땅 불러들였다. 서울에서, 나는 그런 눈을 본 적이 없다. 무한한 신뢰와 순수한 애정이 샘물처럼 맑게 솟아 흐르는 눈. 그런 사람을 본 적도 없었다. 아무런 계산 없이 대륙을 건너와 "당신을 다시 만나게 되어 너무 기쁘다"라고 말하는 사람을.

불현듯 가슴이 아팠다. 이제 막 세상 구경을 시작한 그에게 어쩐지 이 도시는 가혹하게 느껴졌다. 이곳의 철저한 계산속은 어떻게든 저 아름다운 눈빛을 망가뜨리고 말리라. 약삭빠르고 음울한 눈빛으로 평준화시켜버리고 말리라.

일은 엉뚱하게 풀리기 시작했다. 아니, 지극히 한국적으로 풀리기 시작했다. 여자친구가 면접을 보러 간 학원에서 원장은 A도 영어를 꽤 잘 구사한다는 것을 알아차렸다. 그래서 원어민이 아님에도 개의치 않고 그를 원어민 영어강사로 고용했다. 원장은 넝쿨째 굴러들어온 커플을 위해 반지하방을 얻어주었다. 그리고 곧장 풀타임 강사로 투입했다.

나는 그들이 손쉽게 일자리를 얻은 것을 축하해주었지만 염려도 되었다. 외국인 강사들이 시간당 짭짤한 수입에 혹하여 한국행을 택했다가 어떤 과정을 거쳐 한국을 떠나는지를 잘 알고 있었기 때문이다. 두어 달 뒤 그들을 만났을 때 그들은 정확히 같은 과정을 밟고 있었다.

그들은 계속 기침을 했다. 학원에는 창문이 없었다. 상가를 쪼개 최대한 여러 개의 교실을 만들었기 때문이다. 아이들은 북적였고 먼지는 빠져나갈 곳이 없었다. 원장은 최대한 많은 수업을 끼워 넣었다. 숙소인 반지하방은 어둡고 습기가 많았다. 기침은 점점 악화되었다. 게다가 짜고 매운 한국음식에도 적응은 쉽지 않았다. 특히 무슬림인 A에겐 먹을 수 있는 것이 더 제한적이었다. 그들은 야위고 창백한 채로 언제 어디서나 밭은기침을 했다.

여자친구는 짜증이 많아졌다. 내게 늘어놓은 불만 목록만도 A4 용지 두 장은 너끈히 채울 것 같았다. 그중에 절반은 무슬림 국가가 아닌 곳에서 동거인의 무슬림 생활방식에 맞춰야 하는 여자의 넋두리였다. A는 여전히 미소를 잃지 않았다. 하지만 그 눈빛은 더 이상 지중해 연안의 마을을 불러오지 못했다.

A와 여자친구는 예정된 1년 가운데 절반만 채우고 한국을 떠나기로 했다. 한국을 떠나기 전 우리 가족과 주말여행을 떠났다. 서해안의 해변을 걷고 진달래가 가득한 산속 사찰을 찾았다. 여

자친구는 말수가 줄어 넋두리조차 하지 않았다. A는 자주 고개를 떨궜다. 그의 눈에는 내가 처음에 염려했던 것처럼 음울함이 담겼지만 다행히 아직 약삭빠름은 담기지 않았다. 그가 예정보다 일찍 떠나는 것이 나는 아쉬우면서도 안도가 되었다.

여자친구는 호주로, A는 지중해 연안으로 돌아갔다. A는 때때로 작은 마을에서 소식을 전해왔다. 새파란 여름 바다에 대해서, 꽃봉오리가 매달린 오렌지 나무들에 대해서. 그곳에서 A는 '작은 집'처럼 해와 달과 별을 보며 평화로워졌을까? 그랬다면 아마 오늘날 도시 인구가 이렇게 폭발적으로 팽창하지 않았을 것이다. A는 이제 그곳이 지루하다고 했다. 여자친구는 매일 전화를 걸어 그에게 이별의 고통을 호소하는 모양이었다. 그래서 A는 다시 그녀가 있는 호주의 대도시로 떠날까 생각 중이라고 했다.

어렴풋이 예상할 수 있었다. 그는 호주의 대도시로 갈 것이다. 도시를 동경했던 한 젊은이가 해와 달과 별 속에서 안식을 찾으려면, 작은 집이 그러했듯 도시에서 '많은 나날'을 보내야 하기 때문이다. 도시는 인간이 오랜 시간에 걸쳐 욕망으로 축조해놓은 건축물이다. 시골에서 품었던 동경은 그곳에서 욕망이라는 구체적인 형태를 지니게 되고, 욕망이 다 소진되고 텅 빈 후에야 젊은이는 해와 달과 별의 진정한 아름다움에게 내어줄 내면의 빈자리를 얻는 것이다. 어쨌든 답장을 썼다. 나는 그에게 우정뿐 아니라, 세상 구경을 종용한 사람으로서의 책임감이 있었기 때문이다.

때때로 무엇이 우리의 삶을 어렵게 하는가를 깨닫는 건 정말 혼란스런 일이야. 만약 사랑이 네 삶을 힘겹게 한다면, 사랑을 향해 나아가. 그러나 삶 자체가 힘든 것이라면, 한순간 그걸 망각하기 위해 사랑에 의지해서는 안 될 거야. 그런 사랑은 곧 사라져버리니까.

하지만 답장을 보내놓고 나서 괜한 짓을 했다는 생각이 들었다. 실은 많은 이들이 힘든 인생을 망각하기 위해 사랑으로 뛰어드니까. 그리고 그 결말이 반드시 나쁜 것만도 아니니까. 생은 결국 이런저런 저돌적인 시도 후에야 투명한 길을 보여주는 것이다.

예상처럼, 얼마 뒤 A는 호주로 떠났다.

뛰어, 네 절망이 무엇이든

행복한 청소부

모니카 페트 지음

"지구를 진실로 아름답게 하는 건
표지판에 이름을 남긴 사람들이 아니야.
될 수 있을 때까지 일단 뛰고 보는
수많은 이름 없는 사람들이지.
그러니 뛰어.
네가 지닌 절망이 무엇이든지 간에."

독일에 거리 표지판을 닦는 청소부 아저씨가 있었다. 아저씨는 '작가와 음악가의 거리' 표지판을 도맡았는데, 솜씨가 정말 좋아서 새것처럼 표지판을 닦아놓곤 했다. 청소부 아저씨는 자신의 일을 사랑했다. 그래서 행복했다.

어느 날 아저씨는 한 아이가 표지판에 쓰인 이름에 대해 엄마에게 질문을 던지는 것을 들었다. 그리고 자신이 유명한 이들의 이름을 매일 닦으면서도 그들에 대해서 아이만큼이나 모르고 있다는 것을 깨달았다. 아저씨는 당장에 음악가들의 이름을 종이에 적고 그들에 관한 정보를 모았다. 공연이 있으면 옷을 차려입고 음악당으로 갔다.

> 음악 소리가 솟아오르기 시작했어. 조심조심 커지다가, 둥글둥글 맞물리다, 산산이 흩어지고, 다시 만나 서로 녹아들고, 바르르 떨며, 움츠러들고, 마지막으로 갑자기 우뚝 솟아오르고는, 스르르 잦아들었어.
>
> 『행복한 청소부』, 모니카 페트 지음, 김경연 옮김, 풀빛

음악당을 나설 때면 아저씨는 미소 지었다. 거실에 누워 밤새 음악을 듣는 날도 있었다. 죽은 음악가들과 대화하고, 표지판을 닦을 때 소나타를 휘파람으로 불기도 했다. 그렇게 시간이 흐르자 아저씨는 음악가들에 대해 자신이 생겼다.

이제는 작가들에 대해 공부해볼 차례였다. 아저씨는 작가들 이름을 적어들고 도서관에 가서 그들이 쓴 책을 빌렸다. 책 속에서 한 번도 들어보지 못한 말들을 자꾸 만났다. 이해가 되지 않는 말들은 알 때까지 되풀이해 읽었다.

아하! 말은 글로 쓰인 음악이구나. 아니면 음악이 그냥 말로 표현되지 않은 소리의 울림이거나. 아저씨는 생각했어.

시간이 많이 흘렀다. 청소부 아저씨는 점점 더 많은 책을 읽었다. 여전히 표지판도 보살폈다. 이젠 너무나 소중해진 이름들을 하나하나 어루만지면서. 아저씨는 일하는 동안 음악과 문학에 대해 알게 된 것을 읊조리기도 했다. 읊조림은 점점 강연의 형태가 되어갔다. 지나가다 이를 듣게 된 사람들은 깜짝 놀랐다. 음악과 문학을 잘 아는 청소부라니! 점점 많은 사람들이 아저씨가 강연을 하는 동안 주변에 모여들었다. 귀 기울여 듣고, 끝나면 박수를 쳤다. 아저씨는 점점 유명해졌다. 방송국에서 찾아왔고 대학교에서도 강연을 해달라고 부탁했다. 아저씨는 그들에게 이렇게 답했다.

나는 하루종일 표지판을 닦는 청소부입니다. 강연을 하는 건 오로지 내 자신의 즐거움을 위해서랍니다. 나는 교수가 되고 싶지 않습니다. 지금 내가 하는 일을 계속하고 싶습니다.

그리고 지금까지 그랬듯, 표지판 청소부로 머물렀다.

우리는 이 이야기에서 말하려는 바를 신중하게 되짚어볼 필요가 있다. 얼핏 문학과 음악의 고귀함에 대해 말하는 것 같다. 혹은 자기계발의 중요성에 대해 말하는 것 같기도 하다. 성취지향적인 사람들은 청소부라도 열심히 공부하면 교수가 될 수 있다는 것에 방점을 찍을지도 모르겠다. 그래서 보다 쉽게 주제를 전달하기 위해 나는 청소부 아저씨의 목소리를 이렇게 바꿔보았다.

"제가 낮 동안 기분 좋게 표지판을 닦고 저녁에 음악회에 가는 것은, 화가가 종일 기분 좋게 작업을 하고 저녁에 오페라를 보러 가는 것과 본질적으로 다를 바가 없습니다. 당신은 화가에게 '오페라를 많이 관람했으니 이제 그림은 그만두고 음악평론가로 직업을 바꾸시지요?'라고 묻지 않는데, 왜 내게는 '청소부를 그만두고 교수가 되라'고 하나요? 나는 지금의 내 생활이 아주 만족스럽습니다."

이 책에서 '노동'과 '지성'은 평등한 친구이다. 높고 낮음 없이 서로 마주보며 반짝반짝 윤이 나게 닦아주는 친구. 두 친구가 생활 속에 고르게 존재할 때 우리는 보다 풍성한 삶을 영위할 수 있다. 주말이면 도서관에서 책을 읽는 벽돌공이나, 주말농장에서 채소를 돌보는 연구원처럼.

만약 당신이 둘 중 어느 한쪽에만 치우친 생활을 하고 있다면, 혹은 둘 중 하나를 더 높은 곳에 두고 있다면, 이 책이 그 편협함을 일깨워줄 것이다. 부드럽지만 둔중하게.

글을 쓰는 일은 시간적 경계가 분명치 않다. 출근 시간도 따로 없지만 퇴근의 해방감도 느낄 수 없다. 책 작업에 들어가면 주말도 없다. 그저 의식 속 작업에 24시간 매여 있다. 여기에 주부로서의 역할까지 겸하게 되면 상황은 더욱 어수선해진다. 주변인에게 떡 벌어지게 시간과 마음을 차려내주지 못해 미안할 때가 많다. 그렇게 동동거려도, 막상 벌떡 일어나 뛰는 노동은 아니므로 관절에 지방이 낀다. 땀도 점점 탁해진다. 그래서 '진짜로' 뛰는 이의 야윈 몸과 신선한 땀을 대면하는 순간, 겸허한 감동에 젖을 때가 있다.

그 겨울날이 그랬다. 그날 나는 아침부터 어수선했다. 남편이 찾지 못하는 셔츠를 찾아주고 아이 도시락을 쌌다. 조잘조잘 입을 다물 줄 모르는 아이가 등교 시간에 맞춰 식사를 마치게 하고,

그러면서도 그 조잘댐에 적절히 귀 기울이는 것 모두 나의 할 일이었다. 식구들을 내보내고 나니 설거지가 한 무더기 기다렸다. 방마다 흩어진 물건들도 정리를 기다리고 있었다. 그런데 정작 그날 내가 가장 우선적으로 기다렸던 건 교정지였다. 출간을 앞둔 책의 마지막 교정 원고가 지하철 퀵서비스를 통해 집으로 배달될 예정이었던 것이다.

당시 우리 집은 서울도 아닌 그렇다고 서울을 완전히 벗어난 것도 아닌, 초행자가 찾기엔 좀 어려운 위치에 있었다. 그래서 방문객에게 집을 안내할 때마다 말이 길어졌다.

"사당역서 내리셔서…… 과천 방향 버스 아무거나 타시고…… 부대 앞서 내리셔서…… 남태령과 나란한 1시 방향 길로 쭉 올라오시다 보면…… 아무것도 없고 나무뿐이다가 갑자기 돌하르방이 있는데……."

어쩔 수 없었다. 내비게이션을 이용해 집을 찾는 이조차 종종 길을 잃곤 했으니. 그래서 나는 분명 지하철 퀵서비스 기사가 세 번 이상 전화를 할 거라 예상하고 있었다. 늘 그랬으니까.

그런데, 출판사에서 원고를 보냈다는 연락을 받은 지 얼마 되지 않아 낯선 번호의 전화벨이 울렸다. 퀵서비스 기사였다. 바로 집 앞에 와 있다고 했다! 이렇게 단번에 찾아내다니 처음 있는 일이다. 누굴까, 이 능력자는?

문을 열자, 마치 함부로 구겨놓은 종이처럼 쭈글쭈글한 얼굴이 있었다. 백발의 할아버지였다. 야윈 몸에, 그동안 전전한 직업을 암시하듯 아파트 경비원 복장을 하고 있었다. 날씨에 비해 턱없이 얇은 옷차림이었다.

왜…… 우리의 얼굴은 도화지와 같은 걸까? 살아온 순간과 순간의 기록들을 고스란히 담은 채 이렇게 한 순간, 한 꾸러미의 종이를 주고받기 위해 마주친 사람에게까지 도화지가 구겨졌던 순간과, 찢어졌던 순간과, 젖었던 순간과, 말랐던 순간의 자국을 고스란히 보여주는 걸까? 나는 여느 때처럼 '아이고, 추운데 집 찾느라 고생하셨죠?' 인사를 건네는 대신, 눈앞에 선 하나의 도화지, 하나의 생 앞에서 멍해졌다.

그러나 멍하고 싶을 때 멍할 수 있는 나와 달리 할아버지의 현실은 바쁘게 돌아가고 있었다. 할아버지가 다짜고짜 내게 원고를 안기고 물었다.

"여서 돌아갈라믄 어서 버스를 탑니까?"

성치 않은 치아 때문에 할아버지의 발음은 부정확했다. 나는 몇 초 후에야 그 말씀을 알아들었다.

"예? 아! 오셨던 방향으로 도로 쭉 내려가시다가…… 삼거리가 나오면…….”

다시 할아버지는 뭐라고 웅얼거리고 도로 계단을 뛰어 내려갔다. 나는 이번에도 몇 초 뒤에야, 현관문을 닫고 들어온 후에야 그 말씀을 알아들었다.

“아, 큰일 났네. 이거 환승이 안 될 거 같은데…….”

그 말씀이었구나. 환승은 아마 안 될 거야. 정류장에서 여길 찾는 데 시간이 지체되었을 테고 나가는 거리 역시 만만치 않으니까. 쌓인 옷더미 아래에서 지갑을 찾았다. 집에서 은행이 멀어 주로 카드만 사용하는 처지인지라, 천 원짜리 몇 개만 달랑 보였다. 돈을 움켜쥐었다. 바쁜 마음에 맨발로 운동화를 신고 파자마 차림으로 뛰었다.

우와. 능력자 할아버지는 벌써 저만치 멀어졌다.

“할아버지이~~!!!”

할아버지는 듣지 못했다. 할아버지이!! 할아버지이!! 숨이 턱에 차도록 몇 번 더 부르며 뛰었다. 고맙게도, 할아버지와 나의 중간쯤을 걷던 한 아저씨가 할아버지를 불러 세워주었다. 할아버지가 뒤돌아보더니, 촌각을 다투는 초조한 얼굴로 내게 다가왔다.

“할아버지…… 헉헉…… 환승 안 되면 이거 쓰세요……. 헉헉…… 저희 집이 워낙 찾기 힘든 곳이라 죄송해서…….”

할아버지는 약간 멍하게 헐떡대는 나를 쳐다보았다. 내가 할아버지 말씀을 이해하려면 몇 초가 걸려야 했듯, 할아버지도 내 말을 이해하려면 몇 초가 걸리는 모양이었다. 마침내 할아버지가 고개를 끄덕, 했다. 그리고 다시 능력자의 속도로 뛰었다!

할아버지는 그런 분이었던 게다. 할아버지의 도화지에 그려졌던 해묵은 그림은 손안의 몇 푼과 상관없이 계속 뛰고 또 뛰는 와중에 선이 그려지고, 선이 깊어져 갈라지고, 거기 물기가 괴고 마르며 생겨났던 게다. 몇 푼은 뛰어도 몇 푼이니까. 몇 푼은, 그러나, 뛰지 않으면 먼지처럼 허공에 흩어져버리니까. 몇 푼의 생리는 그렇게 절망적이지만 그 생리를 명확히 알고 뛰는 자에게 절망은 잠시 저 멀리 던져놓은 무엇이 된다.

청소부 아저씨는 책 속에서 그것을 이렇게 훌륭한 말로 표현했다.

표지판은 말야,

닦아놓았나 싶으면 금방 다시 더러워지지.

그러나 훌륭한 표지판 청소부는 그런 일에 기죽지 않아.

더러움과의 싸움을 포기하지 않는 거야.

청소부 아저씨가 밤새워 베토벤의 음악을 들으며 감동에 젖었듯, 나는 할아버지의 역동적인 뒷모습에 감동을 받았다. 그것이야말로 위대한 음악가들의 작품 못지않게 펄펄 살아 있는 하나의 작품이었다. 늙고, 여위고, 얇게 입었으나, 저벅저벅 젊은이처럼 뛰기. 꾀를 부리지도 않기. 불평하지도 않기. 뛸 수 있을 때 무조건 힘차게 뛰기.

음악가들의 작품이 악기로 연주된다면 할아버지의 작품은 땀으로 연주되는 무엇이었다. 그 어떤 음악가의 작품보다 생명력으로 출렁거리는 작품. 그렇지, 사실 저 작품은 '지구 음악당'에 매일 매일 울려 퍼지고 있지. 지구를 진실로 아름답게 하는 건 표지판에 이름을 남긴 사람들이 아니지. 세대와 세대를 이음질 하며 뛸 수 있을 때까지 일단 뛰고 보는, 수많은 이름 없는 사람들이지.

청소부 아저씨처럼 긴 강연은 아니었지만, 할아버지는 그 자체로 짧고 굵은 가르침을 주었다. 뛰어라. 네가 지닌 절망이 무엇이든지 간에 잠시 던져놓고 뛰어라. 뛰지 않고 몇 푼을 지키려 들지 마라. Run, you, run!

원고가 완성되기 직전, 아무에게도 떡 벌어지게 시간과 마음을 내주지 못하던 책상 앞의 인색한 여자가, 할아버지 덕분에 파자마 바람으로 뛰었다. 관절에 낀 지방이 오랜만에 연소되었다. 탁한

땀이 맑아졌다. 겨울 아침, 나는 그대로 서서 할아버지의 뒷모습이 완전히 사라질 때까지 지켜보았다. 감동적인 연주 후에 기립박수를 치는 청중처럼.

어떤 그리움

꾸뻬 씨의 행복 여행

프랑수아 를로르 지음

"비로소 그리운 것들이 생각났다.
상처 입고 움츠린 마음에
천천히 피가 돌고 따스함이 둥지를 틀었다.
상처 입은 것들은,
상처가 아물 때까지 고마움을 모르는 법이다."

여행이란, 식탁을 빠져나와 식탁을 보는 일이다. 여행을 떠나기 전 우리는 식탁 위에 놓인 자신의 접시에 묵묵히 고개를 파묻고 있다가, 떠난 뒤에야 식탁 전체를 조망할 수 있게 된다. 식탁이 네모난지 둥그런지, 거기 몇 명이 앉아 있는지, 그중 누구의 음식이 넘치고 누구의 음식이 모자란지.

조망은 구조를 이해하도록 도와준다. 큰 구조 속에서 자신이 맡았던 작은 역할도 객관적으로 이해하게 해준다. 예전에 누군가 "네 일은 자본주의의 쓰레기야"라고 말하면 화가 치밀었는데, 이제는 "정말 그런 측면이 있네" 하고 진지하게 고개를 끄덕일 수가 있다. 우리는 전보다 현명해진다. 수많은 위인들이 긴 여행을 마친 뒤 새로운 사조를 일으키거나 혁명을 도모한 것처럼, 여행을 마치고 돌아온 우리의 삶에는 크고 작은 변화들이 일어난다.

그렇다면, 우리는 언제 접시에 파묻었던 고개를 들고 식탁 밖 세상을 좀 구경해야겠다고 결심하게 될까? 이것에 대해서는 저마다 다양한 답을 내놓겠지만, 그 기저에 깔린 상태는 아마 같을 것이다. '행복하지 않음'. 행복하지 않은 사람만이 적극적으로 행복을 찾아 나선다.

문제는 현대사회가 접시에 담긴 음식과 행복을 혼동하게 만든다는 것이다. 더 좋은 음식으로 접시를 채우면 더 행복해질 거라는 그릇된 믿음을 사람들에게 심어준다. 접시를 놓고 떠나기는 점점 어려워진다. 이미 행복하지 않다고 느끼면서도, 접시를 떠나면 불행해질 거라는 학습된 두려움에 사로잡힌다. 그래서 우리는 더더욱 접시에 새로 부어지는 음식에 골몰한다. 오늘의 메뉴는 무엇인지, 이번엔 얼마나 고급 재료를 사용했는지, 얼마나 아름답게 장식되었는지……. 접시에 행복을 파묻고 뼈를 파묻는다.

파리의 정신과 의사 꾸뻬는 접시에 음식이 일정하게 채워지는데도 행복하지 않다는 사실을 깨달았다. 그것을 깨닫게 해준 것은 바로 내담자인 파리지엔들이었다. 그들은 세상에서 가장 특혜 받은 장소에서 화려한 음식으로 가득 찬 접시를 안고 살아가면서도 꾸뻬에게 불행을 호소했던 것이다. 꾸뻬는 정신과 의사로서 그들에게 적절한 조언을 해줄 수 없다는 사실에 책임과 불행을 느꼈다. 그래서 과감히 식탁을 떠나 행복을 찾기로 하고 이 사실을 연인 클라라에게 알렸다.

꾸뻬가 그녀의 사무실로 전화를 할 때마다 그녀와 통화를 하는 것이 무척 어려웠다. 그녀는 언제나 회의 중이었기 때문이다. 그리고 주말을 이용해 함께 여행을 떠날 때마다 그녀는 월요일까지 끝내야만 하는 일들 때문에 그곳까지 자신의 노트북 컴퓨터를 가져왔다. 심지어 그가 혼자 산책을 하거나 옆에서 잘 때에도 클라라는 일을 했다.

꾸뻬가 함께 여행을 떠나자고 제의하자, 클라라는 그렇게 갑자기 여행을 떠날 순 없다고 대답했다. 이유인즉 그녀의 회사에서 최근에 발명한 새로운 약, 다시 말해 세계 창조 이후에 만들어진 모든 약들 중에서 가장 효능 좋은 약의 이름을 짓기

위해 회의에 참석해야 하기 때문이었다. 그런 그녀를 이해했기 때문에 꾸뻬는 아무 말도 하지 않았다. 그럼에도 불구하고 기분은 조금 좋지 않았다. 약품의 이름 따위를 짓기 위한 회의보다 사랑하는 사람과 함께 떠나는 것이 더 중요한 게 아닌가 하고 그는 생각했다.

『꾸뻬 씨의 행복 여행』, 프랑수아 를로르 지음, 오유란 옮김, 오래된미래

아랍 여행을 떠나기 전, 우리 부부도 비슷한 구도 속에 있었다. 나는 꾸뻬에 가까웠고 남편은 클라라에 가까웠다. 차이가 있다면 우리는 함께 여행을 떠나기로 약속했다는 것이다. 그리고 남편이 회의를 앞두고 있었던 것이 아니라 승진을 앞두고 있었다는 것이다.

오늘날 자본주의 사회는 거대한 용광로와 같다. 용광로는 오직 '이윤 창출'이라는 거대과업을 위해 불타오른다. 타오름은 나날이 거세지고, 뜨거움을 견디지 못하는 자는 퇴출당한다.

용광로 안에서 살아남은 자들은 이윤이라는 DNA를 물려받는다. 이윤을 따라 눈을 번득이고 나날이 약아지도록 진화한다. 이곳에서 보편적인 휴머니티를 상실하고 비인간화 되는 과정을 밟는 것은 쉬운 일이 되었다. 작은 이윤에 의해 순식간에 눈앞에 있는 사람의 경중이 달라진다. 나아가 세계에서 벌어지는 일들의 경중이 달라진다. 그 달라진 세계의 협소한 주관성 속에 살게 된다. 알다시피, 한국은 지구상에서 그 용광로의 불길이 가장 빠른 시간 안에 가장 거세게 점화된 장소이다.

남편은 순한 눈빛을 잃었다. 과도한 회사업무로 피폐해질 대로 피폐해진 그는 멀쩡히 잘 있다가도 뜬금없이 버럭 성을 내곤 했다. 그와 있는 시간은 마치 지뢰밭을 디디는 시간 같았다. 언제 어디서 폭발이 있을지 알 수 없었다. 폭발이 한 번씩 있을 때마다 관계는 조금씩 와해되어갔다. 그의 눈빛은 내가 알던 그것이 아니었다. 나는 남편의 순한 눈빛이 그리워졌다.

꾸뻬가 클라라에게 전화를 걸 때처럼 나 역시 남편에게 전화를 걸면 언제나 회의 중이었다. 어렵사리 전화가 연결되면 속사포처럼 용건만 간단히 브리핑해야 했다. 아이는 밤마다 남편을 기다리다가 보지 못하고 잠들었다. 남편은 하루가 다르게 커가는 아이의 예쁜 짓을 보지 못하고 잠들었다. 아이가 일어나면 남편은 이미 출근하고 없었다. 주말에도 출근을 했고, 출근하지 않는 주말에는 해일 같은 피로에 깔려 잠을 잤다. 일요일 저녁이 되면 남편은 초조하게 시계를 보며 중얼거렸다. "인생 정말 별거 없다. 이렇게 시시할 줄은 미처 몰랐어." 그러나 누구도 이 상황을 어떻게 개선해야 할지 답을 알지 못했다. '어떻게 하면 남편이 이전의 따스함을 되찾을 수 있을까?' 내가 고민하는 만큼의 절반가량도 남편은 스스로를 위해 고민하지 못했다. 무엇보다도 그는 너무나 바빴고 무언가를 깊이 들여다보고 답을 얻는 것이 힘겨울 만큼 지쳐 있었다. 주변을 둘러보면 이웃 회사원들도 비슷한 푸념을 늘어놓았다. 인생 정말 별거 없었다. 이 용광로 속에서는 모두가 집단적으로 자신을 활활 태우며 살아가므로 대안을 찾기란 더더욱 어렵기만 했다.

사랑하는 이들과 함께할 수 있는 시간과 마음을 잃고 그 대가로 얻을 수 있는 것 가운데 진실로 중요한 것은 과연 무엇일까? 남편은 마침내 접시에서 고개를 들어 먼 곳을 바라보았다. 직장을 그만두고 새로운 삶의 대안을 찾아 장기 가족여행을 떠나기로 결정했다. 접시를 버리는 대가로 어떤 미래가 펼쳐질지 보장된 것은 아무것도 없었다. 하지만 지뢰밭에서 사는 것보다 더 나빠질 것도 없었다. 나는 그의 용감한 선택이 고마웠다. 본격적인 여행 준비에 착수했다.

그런데 이상하게도 뭐든 철두철미하게 준비하기를 좋아하는 남편은 여행 준비를 게을리했다. "당신을 위한 여행인 만큼 당신도 같이 준비했으면 좋겠다"라고 말했을 때, 남편은 기다렸다는 듯이 "지금은 내가 너무 바쁘니, 여행 준비는 당신이 했으면 좋겠다"며 내게 넘겼다. 여행의 시기에 대해서도 늘 "아직 알 수 없다"로 일관했다. 한 프로젝트가 끝나면 다음 프로젝트가 기다렸다는 듯이 남편을 낚아챘다. 그 프로젝트가 끝나면 다시 승진이 기다리고 있어서 남편은 아무래도 그 결과를 보고 그만두는 것이 좋겠다고 했다. 계절이 두어 번 더 바뀌고 남편은 승진했다. 나는 진심으로 축하했으나, 한편으로는 알 것 같았다. 우리에게 남겨진 생의 내용을.

어느 날 남편은 아무래도 직장을 그만둘 수 없겠다고 했다. 그는 내게 미안하다고 했다. 그 말은 곧 '나는 앞으로도 회사를 돌볼 것이고, 내 마음을 돌볼 여유는 없을 것이다. 너는 지금처럼 지뢰밭을 디디며 그 대가로 주어지는 부스러기들에 만족하여라'와 같은 말이었다.

나는 작은 집에서 넓은 집으로 이사하는 것에는 관심이 없지만, 작은 집이라도 그 안에서 사람들이 무엇을 하며 지내는가에 관심을 가지는 사람이었다. 소형 자동차에서 대형 자동차로 바뀌는 것에는 관심이 없지만, 그 차의 주인이 어디를 향하는가에는 관심이 가는 사람이었다. 언제나 외관보다 내용이 중한 사람이었다. 그러므로 남편의 선택은, 내게 슬픈 일이었다. 나는 한 번도 부스러기의 찬란함에 매혹된 적이 없었으므로.

무력감을 느꼈다. 사랑하는 사람이 용광로 속에 투신하고서 그 대가로 식탁에 그럴듯하게 차려진 음식을 먹는 것을 더 지켜보고 싶지 않았다. 아니, 사실 그는 너무나 바빠서 그럴듯한 음식조차 먹지 못했다. 식탁에 앉는 것조차 불가능했다. 회의와 회의 사이를 김밥으로 때우는 나날이었다. 먹지 못하고 쉬지 못하니 과로로 쓰러졌다. 하지만 병원에서 퇴원하자마자 다시 언제 그랬냐는 듯 똑같은 속도로 내달렸다.

나는 오래전 접시를 포기하고 용광로 밖으로 뛰쳐나온 사람이었다. 초라한 옷을 입고 걷더라도 내 속도로 걷기 위해서. 내 마음을 돌보고 타인의 마음을 돌보기 위해서. 함께 걷고 이야기하는 행복을 느끼기 위해서. 그것이 내가 생각하는 옳은 삶이었다. 평생을 함께하기로 한 부부가 서로의 삶을 지지하고 그것에 동참할 수 없다는 것은 참으로 애달픈 일이었다.

떠나고 싶었다. 용광로처럼 뜨겁지 않은 곳으로. 초대형 마트가 24시간 불을 밝히는 곳이 아니라, 해가 지면 자그마한 상점들이 문을 닫고 노동자들이 집으로 돌아가는 곳으로. 공부에 지친 아이들이 방문을 걸어 잠그고 게임에 몰두하는 곳이 아니라, 아버지가 낡은 코트를 벗으면 아이들이 반기며 받아 거는 곳으로. 집집마다 따스한 음식 냄새와 웃음소리가 번져 나오는 곳으로. 밤이 되면 모두 일찍 잠자리에 들어 아이들은 충분한 휴식을 누리고 어른들은 사랑을 나누는 곳으로. 나는 그런 순한 장소와 순한 사람들이 그리워졌다.

결국 아이와 둘이서만 아랍으로 떠났다. 지켜지지 않은 약속에 대해, 나는 차갑게 침묵했다.

꾸뻬는 첫 번째 여행지에서 잉리라는 놀랍도록 아름다운 중국 아가씨를 만나 하룻밤을 보낸다. 그리고 다음 날 그녀가 창녀로서 자신에게 몸을 팔았을 뿐이라는 걸 알게 된다. 그는 충격을 받지만, 이미 잉리에 대한 사랑의 감정이 싹텄음을 느낀다. 그는 끊임없이 잉리 생각에 사로잡힌다. 두 번째 여행지에 가서도 그녀 생각뿐이다. 그런데 이 두 번째 여행지에서 꾸뻬는 우연히 강도에게 납치를 당하게 된다. 강도들은 그를 벽장에 감금하고 밖에서 그의 생사를 결정지으려 한다. 바로 그때, 꾸뻬에게 놀라운 변화가 일어난다.

> 죽음에 대한 두려움, 그것이 가장 견디기 힘든 것은 아니었다. 그보다 꾸뻬를 더 불행하게 하는 건, 다름 아닌 사랑하는 사람들에 대한 생각이었다. 다시는 그들을 못 보게 될 것이고, 그가 죽은 것을 알면 그 사람들도 불행해질 것이기 때문이다. 클라라는 꾸뻬의 죽음을 무척 힘들게 받아들일 것이다. 꾸뻬는 아주 빠른 속도로 그녀에 대한 많은 기억들을 떠올렸다. 그녀가 웃을 때, 울 때, 말할 때, 그에게 기대어 잠잘 때의 모습들을. 자신이 그녀를 얼마나 사랑했으며, 그녀 또한 그를 얼마나 사랑했는가를 다시금 느낄 수 있었다.

그러니까 꾸뻬가 절체절명의 순간에 떠올린 것은, 여행 내내 자신을 사로잡았던 잉리가 아니었다. 여행을 거부한 클라라였다. 아이와 둘이 떠난 그 여행에서 나도 꾸뻬와 비슷한 경험을 한다.

여행의 중간쯤에서 한 이라크 가족을 만났다. 그들은 말할 수 없이 친절하였으며, 곧 있을 축제에 맞춰 그들이 살고 있는 블루돈으로 우리를 초대하기까지 했다. 이라크 여인은 내게 전화번호를 알려주었고 지도를 그려주었으며 기다리고 있을 테니 꼭 찾아오라고 신신당부했다.

며칠 뒤, 촉촉한 비가 내리는 아침에 우리는 블루돈을 향해 출발했다. 그런데 어쩐지 수화기 너머의 이라크 여인이 전과 같지 않았다. 전화를 한 번씩 걸 때마다, 서툰 영어로 더듬대면서 까닭 없이 차가워졌다. 우리는 이미 체크아웃을 했고 버스에 올라탔고 돌이킬 수 없었기에, 약속과 그것에 대한 인간의 선의를 믿어보며 블루돈으로 향했다. 버스가 덜컹거릴 때마다 선물로 준비한 스위티 상자가 공허하게 달그락 소리를 냈다. 검은 도로 위에는 젖은 낙엽들이 노랗게 흩어져 있었다. 가늘던 빗줄기가 한차례 두껍게 쏟아지고 난 뒤, 산 구릉 위로 낮은 구름들이 피어올랐다. 차가운 계절이었다.

그 길의 어디쯤인가에서, 기묘한 일이 일어났다. 휙휙 지나가는, 온통 읽을 수 없는 아랍어 간판들 사이로 마술처럼 영문 간판이 튀어나와 시선을 사로잡았던 것이다. NAM KANG. 분명 한국어를 영문 표기한 것으로 추측되는 그 간판은 아주 작은 마을의 초라한 흙집에 걸려 있었다.

흐릿한 빗물 너머 희미한 간판은 강력한 힘으로 내 마음을 거머쥐었다. 우연히도 그것은 내 첫사랑이었던 아이가 머물던 학교와 같은 이름이었다. 당시 우리는 모두 고등학생이었고, 물론, 남학교인 그곳에 나는 가보지 못했다. 그 아이는 야간자율학습이 끝난 밤마다 나를 데리러 남녀공학이었던 우리 학교 쪽으로 왔다. 그러므로 '남강'이란 곳은 나의 추억 속에서 몹시 그리우면서도 실체로 확인되지는 않은 곳이었다.

머나먼 땅 아랍의 작은 시골 마을, 차도에서도 멀리 떨어진 초라한 흙집에서 우연히 오랫동안 잊고 지냈던 그러나 오랫동안 나를 설레게 했던 이름의 간판을 발견했을 때, 그 도저히 불가능한 확률을 믿을 수 없으면서도 동시에 그것이 불가능한 일이기에 더더욱, 나는 내가 오래전부터 그곳으로 가도록 기약되어 있었던 것은 아닐까, 그곳에서 나를 부르는 것은 아닐까, 터무니없고도 강력한 예감에 사로잡혔다.

약속이 깨어지고 시작된 여행에서 나는 내내 혼란 속에 있었다. 갈 곳 모르는 마음이 하염없이 길 위를 서성였다. 여행이 중간에 접어들 때까지도 진정 한국으로 다시 돌아가고 싶은지 알 수 없어 잠 못 이루는 밤들이 있었다. 돌아가 그 생활을 계속할 수 있을까. 나는 줄곧 아무것도 그리워하지 않았다. 아무것도. 오갈 데 없이 버려진 사람처럼 때때로 아이 몰래 눈물을 훔쳤다.

오갈 데 없는 마음 때문이었을 것이다. 환영은 믿기지 않을 만큼 강력해졌다. 나중에 되돌아가는 길에 간판이 보이는 곳에서 버스를 세워달라고 해야겠다. 한 손에 스위티라는 곧 '거절될 현실'을 들고, 한 손으로는 허구와도 같은 장소에 대한 '부질없는 환영'을 부여잡고, 나는 허청대며 블루돈에 도착했다.

이제 이라크 여인은 아예 전화를 받지 않았다. 바람맞은 것이 분명했다. 어쩌면 충분히 예상한 바였고, 블루돈에의 도착은 그 확인에 불과했는지도 모른다. 그런데 신기한 일이었다. 그 순간, 현실의 강력한 거절이 내내 어지럽던 마음에 물을 끼얹었다. 때마침 비가 그치고 해가 나타났다. 시야가 깨끗해지고 모든 것의 경계가 확연해졌다. 버스 안에서 나를 휘몰아치던 환영과, 여행 내내 따라다녔던 버려졌다는 느낌과, 글자 그대로 버려진 상황 가운데에서 진짜는 단 한 가지였다. 지금. 블루돈의 한 문방구 앞에 서서 다시 왔던 곳으로 데려다줄 버스를 기다려야 하는 바로 이 상황. 우리는 한국으로 치면 남대문에서 경기도 어디쯤으로 초대를 받았다가 영문도 모른 채 길가에 버려진 셈이었다. 그 상황의 강력함이, 화들짝, 나를 잠에서 깨웠다. 깨어난 의식은 더 이상 혼란스럽지 않았다. 놀라울 만큼 평화로웠다. 젖은 보도가 햇빛에 부드럽게 반짝이기 시작했다.

비로소 그리운 것들이 생각났다. 집이. 돌아가면 그 집에서 나를 따뜻하게 맞아줄 이가. 비록 서로 원하는 방식이 아니더라도, 비록 서로 약속한 것이 지켜지지 않았더라도, 나름의 적은 주변머리로 나름의 성의를 다해 자신의 삶에서 서로를 쉽게 '버리지' 않으려 애쓰는 관계가. 빈집에서, 그 또한 나처럼 버려졌다는 느낌에 외로웠으리라.

상처 입고 움츠린 마음에 천천히 피가 돌고 따스함이 둥지를 틀었다. 상처 입은 것들은, 상처가 아물 때까지 고마움을 모르는 법이다.

우리가 서 있는 문방구 차양 아래로 우리처럼 길 잃은 강아지 한 마리가 젖은 몸을 말리러 들어왔다. 문방구 진열대에는 색 바랜 문구들이 아직 뜯기지 않은 포장지 속에서 낡아가고 있었다. 입술이 파래진 아이에게 재킷을 벗어주고, 나는 조금 추위에 떨며 생각했다. 이라크 여인에게도 영어로 표현하기 힘든 사정이 있었겠지. 누군가를 기다리게 하는 것보다는 내가 기다리는 편이 낫다. 따스함이 돌기 시작한 마음은 한없이 관대해졌다.

이제 다시 버스를 탈 일만이 남았다. 그런데 아이가 갑자기 응가가 마렵다고 했다. 문방구 주인이 골목에 화장실이 있을 거라고 했다. 골목 문은 모조리 잠겨 있었다. 오직 한 군데 문 열린 곳으로 들어가니, 황홀할 만큼 꽃이 가득한 너른 잔디밭이었다. 똥은 나오기 직전이었고 선택의 여지가 없었다. 베르사유의 정원처럼 화려한 그곳 한구석에서 아이는 성공적으로 일을 보았다. 양해를 구하기 위해 주변을 둘러보고 문을 두드려 보았지만, 그 누구도 눈에 띄지 않았다. 우리는 낄낄대면서 다시 골목을 빠져나왔다.

버스가 왔다. 똑같은 산 구릉 위의 구름을 지나쳤다. 검은 길 위에 흩어진 노란 낙엽을 지나쳤다. 그 간판을 지나쳤다. 혹은 그 간판이라고 믿는 어떤 환영을 지나쳤다. 물론, 이번에는, 마음의 동요가 없었다. 아이는 대궐처럼 화려한 꽃밭에 똥을 누기 위해 블루돈에 왔던 것이다. 그리고 나는 내게 가장 소중한 것이 무엇인지 알기 위해 블루돈에 왔던 것이다. 아프리카의 벽장 안에 갇혀서야 클라라를 떠올린 꾸뻬처럼, 향방 없이 헤매는 마음을 세상에서 가장 먼 곳까지 달려가게 하다가 가장 가까운 곳에 내려놓도록 하기 위해서. 나를 바람맞힌 그 이라크 여인에게 마음으로부터 고마움을 전했다. 그리고 남편에게 전화를 걸었다. 남편은 “갈이 가지 못해 미안하다"고 말했다. 나는 "같이 있어주지 못해 미안하다"고 말했다.

여행은 그 자체로 훌륭한 마음공부이지만, 이 배움은 궁극적으로 식탁으로 되돌아와 앉았을 때 행복하기 위해 필요한 것이다. 함께 식탁에 앉은 이들과 대화하고 음식을 나누는 기쁨을 누리기 위해서 필요한 배움이다.

꾸뻬는 여행에서 돌아와 식탁에 앉았다. 파리 사람들에게 자신이 만난 사람들의 이야기를 들려주고 그로써 어떻게 행복을 찾아야 할지에 대해 생각해볼 기회를 제공했다. 클라라와도 좀 더 편안한 생활의 접점을 찾았다. 아름다운 중국 아가씨 잉리를 위해서는 그곳 친구에게 부탁해 좀 더 나은 일자리를 알아봐주었다.

나 또한 여행에서 돌아와 식탁에 앉았다. 내가 만난 사람들이 어떻게 역경 속에서 행복을 찾아내는지 글로써 들려주는 일을 계속했다. 남편과도 좀 더 편안한 생활의 접점을 찾았다. 모자란 내게 늘 마음공부를 시켜주는 제3세계의 사람들을 위해서는 그곳에 도서관을 짓고 책을 보내기 시작했다.

꾸뻬가 여행 중 만난 노승은 이렇게 말했다.

"진정한 행복은 먼 훗날 달성해야 할 목표가 아니라, 지금 이 순간 존재하는 것입니다. 안타까운 것은 대부분의 사람들이 행복을 목표로 삼으면서 지금 이 순간 행복해야 한다는 사실을 잊는다는 겁니다."

문제아는 없다

창가의 토토

구로야나기 테츠코 지음

"왜 70년이나 지나도
학교는 그대로일까?
학교는 언제까지 침묵 속에서
시간을 삼키고만 있을까?"

토토는 초등학교에 입학하자마자 퇴학을 당한다. 호기심 많은 토토는 늘 사방으로 튀었는데, 이것이 담임교사 눈에 구제불능으로 보였던 것이다. 엄마는 토토를 대안학교의 일종인 도모에 학원으로 데려간다. 전교생이 50여 명밖에 되지 않고, 전철 차량을 교실로 사용하는 특이한 학교였다.

첫 만남에서부터, 도모에 학원의 교장선생님은 토토의 이야기를 장장 네 시간에 걸쳐 들어준다. 이 멋진 어른의 눈에 '문제아'란 없다. 다만 '서로 다른' 아이들이 있을 뿐이다. 교장선생님은 아이들이 제각각 개성을 펼칠 수 있도록 느슨한 수업의 틀을 만들어놓는다. 그리고 믿고 기다리는 방식으로 학교를 운영한다. 장난꾸러기 토토에게 "사실은 넌 착한 아이란다"라고 일깨워주기도 하고, 몸이 불편한 친구를 위해서는 '모든 몸은 아름답다'는 것을 알 수 있도록 다 같이 발가벗고 수영하게 하기도 한다. 아이들은 교장선생님의 따뜻하고도 파격적인 배려 속에서 함께 어울린다. 제각각 자신의 속도로 성장할 기회를 얻는다.

그러던 중 제2차 세계대전과 함께 도쿄가 폭탄 세례를 받게 된다. 토토와 다른 아이들은 모두 피난을 가느라 흩어지고 1945년, 안타깝게도 도모에 학원은 폭염에 휩싸여 불타버린다.

> 교장선생님은 그 한가운데 서서 도모에 학원이 불타는 걸 꿈쩍하지 않고 바라보고 있었다. 여느 때처럼 약간 구겨지긴 했지만, 검은 양복 차림에다 윗도리의 호주머니에 두 손을 찔러 넣은 모습이 평소와 다름없었다.
>
> 오랫동안 불길을 바라보던 선생님은, 이윽고 곁에 있던 대학생 아들인 도모에에게 미소를 띄우며 말했다.

"얘야, 이번에는 무슨 학교를 만들까?"

순간 도모에는 제 귀를 의심하며 교장선생님의 얼굴을 쳐다보았다. 그랬다. 아이들에 대한 교장선생님의 애정이나 교육에 대한 열정은, 지금 학교를 휩싸고 있는 저 불길보다도 훨씬 더 강했고 뜨거웠던 것이다.

『창가의 토토』, 구로야나기 테츠코 지음, 김난주 옮김, 프로메테우스

『창가의 토토』는 일본의 유명한 사회자이자 유니세프 친선대사인 저자 구로야나기 테츠코의 자전적 이야기로서, 그 시간적 배경은 지금으로부터 70년이나 거슬러 올라간다. 70년이면 두 세대도 넘는 시간이다. 그런데 우리는 이 이야기를 읽는 동안 전혀 옛이야기 같다는 느낌을 받지 못한다. 토토는 마치 올해 새로 초등학생이 된 옆집 아이 같으며, 토토의 첫 번째 학교 분위기는 오늘날 일반 학교 분위기와 똑같다. 도모에 학원에서 시도하는 파격과 감동도 마찬가지다. 그것은 오늘날에도 신선하고 파격적인 감동이 된다. 『창가의 토토』가 세월을 뛰어넘는 좋은 책이라는 증거가 바로 여기 있을 것이다.

그러나 한 걸음 더 나아가, 우리는 이렇게 질문해볼 수도 있을 것이다. 왜 70년이나 지나도 학교는 그대로일까? 왜 이 이야기는 내 어

머니의 이야기이면서, 변함없이 내 이야기이고, 이제 다시금 내 아이의 이야기가 될까? 한 걸음 훌쩍 더 나아가, 이런 질문도 해볼 수 있을 것이다. 왜 우리 아이들은 OECD 행복지수에서 꼴찌일까? 왜 자꾸 옥상에서 뛰어내릴까? 학교는 언제까지 침묵 속에서 시간을 삼키고만 있을까?

L 선생님께

선생님, 안녕하셨어요? 선생님을 학교에서 마지막으로 뵌 그날 이후, 벌써 20년이 지났네요. 학교는 그날, 몹시 소란스러웠지요. 전교조가 최초로 결성된 해였고 선생님은 허락된 마지막 출근을 하셔야 했으니까요.

전날, '거적'이란 별명을 가졌던 국사 선생님이 수업 시간에 목청을 돋우셨어요.

"할 말이 있으면 시청 앞에 나가서들 하든지 하지, 왜 학교 안에서 소란을 피워? 애들이 무슨 죄야?"

'소란'의 정체는 전교조 선생님들께서 가슴에 두른 초록색 띠였습니다. 그런데 정작 띠를 두른 선생님들은 아무 말씀도 하지 않으셨어요. 조용히 수업을 하실 뿐이었습니다. 마지막 수업이었는데도요.

당시 저는 전교조에 대해 잘 알지 못했습니다. 다만, 우리가 유독 좋아했던 선생님들이 모두 학교를 그만둘 위기에 처했다는 것 정도를 알고 있었지요. 그분들에겐 공통점이 있었습니다. 우리와 눈을 맞추셨어요. 적극적으로 대화하고자 하셨고, 쓸데없는 사춘기 소녀들의 농담 하나에도 진지하게 응해주셔서 실없이 장난을 거는 쪽에서 도리어 뺨을 붉히게 되곤 했지요.

그리고 또 이 정도를 알고 있었습니다. 종일 야구방망이를 들고다니며 졸거나 떠드는 아이들의 허벅지를 가차 없이 내리쳐 학부모들로부터 집중 환호를 받는 거적이 평정할 이제부터의 세상이 무척 삭막할 거라는 것을요.

그날, 그래서 저는 일찍 학교에 도착해 300장의 유인물을 돌렸습니다. 유인물의 내용이 정확히 기억나지는 않습니다. 좋은 스승을 강제로 잃어야 하는 제자의 격앙된 분노가 가득했겠지요. 학교가 발칵 뒤집혔습니다. 거적이 보란 듯이 목에 힘을 주었습니다.

봐라, 초록색 띠들을 빨리 내쫓지 않으니까 학교가 빨간 물이 든다! 저는 당황했습니다. 선생님의 편을 들어드린다는 것이 도리어 입지를 좁게 했으니까요. 다행인지 불행인지, 학교에서는 그 유인물의 출처를 운동권 대학생의 소행이라고 판단했습니다. 그것이 학생 중 한 명의 목소리라는 것을 당당히 밝히지 못한 채 저는 구석에서 전전긍긍했지요.

모두에게 얼마나 가시방석 같은 하루였던가요. 선생님이 떠나실 시간이 다가왔어요. 저는 삼엄한 분위기의 교무실로 찾아가, 드릴 말씀이 있다 하고 복도로 나와 섰지요. 초췌하고 야윈 선생님의 얼굴을 마주한 순간, 저는 그만 울고 말았습니다. 세상이 굴복과 침묵을 가르치려 하고 있었어요. 존경과 사랑을 걷어내고 경쟁만 남기려 하고 있었어요. 유인물의 원본을 건네드렸습니다. 그걸 쥔 채로, 선생님은 퀭한 눈을 오랫동안 감고 계셨지요. 잠시 후 말씀하셨어요.

"소희야, 이건…… 우리가 원하는 게 아니야."

"알아요……. 그런데…… 달리 할 수 있는 게 없었어요."

그러니까 그날, 그 자리에서, 원하는 걸 할 수 있었던 사람은 아무도 없었지요. 모두가 상처를 깊숙이 찔린 채로 하루가 마무리되었습니다.

침묵 속에서, 지리한 시간이 흘렀습니다. 예상처럼 거적이 정열적으로 야구방망이를 휘둘렀지요. 그것도 무관심보다는 나은 애정의 형태라고 믿으려 애썼지만 잘 되지는 않았습니다. 계열을 결정할 때 저는 미대에 가고 싶다고 했어요. 미술을 전공하신 담임 선생님께서 몹시 피로한 얼굴로 말씀하셨지요.

"왜 그 고달픈 길을 가려 하니?"

학과를 결정할 때 심리학과에 가고 싶다고 했어요. 교직에 계신 아버지께서 딱하단 얼굴로 말씀하셨지요.

"거기 나와서 무슨 취직을 하니?"

그래서 원서를 제출하는 마지막 순간, 진로는 그저 숫자에 불과한 것이 되어버렸습니다. 그 숫자에 해당하는 점수만 받으면 '고달프지도 않고 취직도 잘되는' 미래를 보장받게 되는 거였죠.

하지만 대학은 고달팠어요. 적성과도 꿈과도 무관한 공부가 저를 기다리고 있었으니까요. 다른 과를 기웃거리고 방황하면서 들끓어오르는 무언가를 잠재웠습니다. 회사원이 되었을 때에도 마찬가지였죠. 여전히 원하는 것이 거기 없었어요. 끓어오르는 것을 뜨겁게 연소시킬 만한 대상이 없었지요. 그리고 막연히 깨달습니다. 교육이란, 원하는 '꿈'을 찾게 해주는 것이란 걸요. 나아가 그 꿈을 이루기 위한 '수단'을 제공해주는 것이란 걸요. 어디서부터

뒤틀렸는가를, 어디서부터 길을 잃었는가를 알 것 같았습니다. 모든 것을 그만두고 백수가 되어 어두운 방에 웅크렸을 때, 결심했지요. 다시 시작하자. 처음부터. 이제부터 선택은 내가 한다.

그 사이, 선생님께서는 훌륭한 번역가가 되어 왕성한 활동을 하고 계셨습니다. 늘 화제가 되는 좋은 책들을 세상에 소개해주고 계셨지요. 정말 자랑스러웠습니다. 어디에 계시든 좋은 일을 하시는 분이라는 것, 그분이 제 선생님이셨다는 것이 기뻤어요. 저 또한 어느새 여행을 하고 글을 쓰는 사람이 되어 있었습니다. 아이도 자라 초등학교에 입학하였지요.

아이를 학교에 입학시킬 때, 아마도 막연히 기대했던 것 같습니다. 세월이 저를 변화시킨 만큼 학교도 변화되어 있을 거라고. 네, 많이 변했더군요. 삐그덕 소리 나던 나무걸상은 간데없고 대형 TV 모니터가 교실에 걸려 있었지요. '야후 꾸러기'를 모니터에 연결하여 수업이 진행되기도 했고요.

그런데 들려오는 말들은 비슷했어요. 아홉 살 난 이웃 아이가 학용품을 가져가지 않았다는 이유로 "넌 인간쓰레기야!"라는 고함을 들으며 수십 대의 따귀를 맞았다는 말 같은 거요. 다음 날 그 엄마가 정장을 곱게 차려입고 케이크 상자를 들고 담임을 찾아갔다는 말 같은 거요. 그리고 엄마들의 모임마다 지치지도 않고 몇 시간씩 계속되는 점수와 학원 이야기와 담임선생님에 대한 뒷담화 같은…… 그런 말들이요.

저는 이웃 아이의 담임이 내 아이의 담임이 아닌 것에 안도했습니다. 엄마들의 뒷담화에서도 조용히 빠져나왔지요. 그럴 때면 때때로 '그날'이 기억났습니다. 학교가 침묵과 굴복을 가르쳤던 그 날 말입니다.

아이가 2학년이 되었을 때, 시나브로, 변화가 눈에 띄었습니다. 자꾸 이기려 했지요. 양보는 바보들이나 하는 것인 양 이야기했습니다. 놀러 오는 친구도 줄어들었어요. 모두가 학원으로 과외 활동으로 바빠졌으니까요. 그중에서도 가장 큰 변화는 손톱이었습니다. 1년이 지나도록 손톱을 깎을 일이 없었던 거예요. 이유를 물었더니 '손차렷' 때문이라고 했습니다.

"수업 시간에 손을 이렇게 책상 위에 올려. 절대 움직이면 안 돼. 그래야 스티커를 받아. 그런데 난 너무 움직이고 싶어서 주먹을 꼭 쥐고 참아."

주먹을 꼭 쥔 채로 아이는 손톱을 갈아대고 있었던 거였습니다.

다음 학기, 아이는 대안학교로 전학하였습니다. 손톱은, 이제 잘 자랍니다. 비단 손톱뿐 아니라 마음도 행복도 쑥쑥 자라고 있지요. 이곳의 선생님들은 선생님처럼 아이들과 눈을 맞추세요. 적극적으로 대화하시고, 쓸데없는 아이들의 농담 하나에도 진지하게 응해주시죠. 물론, 이 뻔뻔한 녀석들은 당시의 저희들처럼 뺨을 붉히거나 하지는 않지만 말입니다. 이곳에서 아이들의 꿈은 온전히 지켜집니다.

L 선생님. 아마도 진정한 '인생의 스승'이란, 부끄러울 때 떠올라 스스로를 다잡게 하고, 행복할 때 떠올라 스스로를 자랑스럽게 여기도록 하는 존재가 아닐까 합니다. 그래서 아이가 아침마다 "학교에 가는 것은 너무 즐거워! 오늘은 최고의 날이 될 거야!" 말하며 집을 나설 때마다, 저는 행복감 속에서 자랑스럽게 선생님을 떠올립니다.

타이손의 발톱

마지막 거인

프랑수아 플라스 지음

"내가 여행하는 제3세계에는 여전히
'작은 거인'들이 살고 있다.
아파도 울지 않는 아이들과
비바람에도 굴하지 않는 어른들.
인류사 속에서 진짜 거인들은 여러 차례 쓰러졌지만
이 작은 거인들은 결코 쓰러진 적이 없다."

아치볼드는 부두를 산책하다가, 늙은 선원에게서 거인의 이齒牙를 사게 된다. 과학자이자 탐험가인 그는 이에 새겨진 지도를 발견하고 거인족을 찾기 위해 여행을 떠난다. 배를 타고 대양을 건너 마침내 미얀마에 이른다. 그는 현지인으로 구성된 조촐한 원정단을 만들어 강과 정글을 건넌다. 급류와 늪, 시련의 연속이다. 엎친 데 덮친 격으로 와족의 습격을 받아 단원들이 비참히 살해된다. 그는 무모했던 계획을 자책하며, 험준한 환경 속에서 사경을 헤맨다. 바로 그때, 살아 있는 아홉 명의 거인들을 만나게 된다.

거인들은 아치볼드를 아이처럼 돌봐주며 자신들만의 아름다운 세계로 이끈다. 밤이면 별을 노래하는 세계. 봄이 오면 춤을 추는 세계. 거인들의 삶은 자연과 함께한다. 아치볼드는 그들의 생활을 열심히 수첩에 기록한다. 거인들은 그런 그를 신기하게 바라본다. 그들에겐 문자가 없기 때문이다. 그러나 그들의 몸은, 나무가 나이테를 새기듯, 체험한 것을 저절로 기록한다.

> 그들의 몸에는 혀와 이를 포함하여 머리부터 발끝까지 구불구불한 선, 소용돌이 선, 뒤얽힌 선, 나선, 극도로 복잡한 점선들로 이루어진 정신없이 혼란한 금박 문신이 새겨져 있었습니다. 잘 들여다 보면 이 환상적인 미로에 언뜻 드러나는, 쉽게 알아볼 수 있는 이미지들을 구별해 낼 수 있었지요. 그것은 나무, 식물, 동물, 꽃, 강, 대양의 모습이었습니다.
>
> 『마지막 거인』, 프랑수아 플라스 지음, 윤정임 옮김, 디자인하우스

아치볼드는 거인들과 진실한 교류를 나눈다. 거인의 몸에는 이제 아치볼드의 모습도 새겨진다. 열 달 후, 그는 런던으로 돌아가고

싫어진다. 거인들이 거대한 보폭으로 그의 귀향을 돕는다. 중앙아시아에서 그들은 눈물로 이별한다.

무사히 집으로 돌아온 아치볼드는 거인족에 대한 책을 집필한다. 책은 엄청난 반향을 일으킨다. 그는 유명인사가 되어 넉넉한 자금으로 두 번째 원정단을 만든다. 원정단이 미얀마의 부두에 도착하자, 대대적인 환영행사가 그들을 기다리고 있다. 그런데 행사의 한가운데에서 충격적인 광경이 벌어진다. 사람들이 거인의 머리를 잘라 마차에 실어 행진했던 것이다! 깊은 슬픔 속에서, 애절한 거인의 목소리가 들려온다.

"침묵을 지킬 수는 없었니?"

알고보니 사람들은 어느새 거인들의 나라까지 길을 뚫었다. 거인들은 이미 전멸했다. 학자와 도적, 협잡꾼들이 사체 곁에 드글거렸다. 우정은 배반당했고, 진실했던 교류는 살육으로 끝났다.

아치볼드는 모든 것을 버린다. 일개 선원이 되어 세상을 떠돈다. 배가 정박하는 곳마다 몰려드는 아이들에게 저 먼 세상의 이야기를 들려주곤 하지만, 거인의 이에 대한 것은 절대 말하지 않는다.

이 책에 덧붙이는 글을 쓴 최재천 교수는 생물학자로서 '거인'을 '자연'으로 해석했다. 그러나 여행자로서 나는 '마지막 거인'을 '마지

막 문명'으로 읽었다. 북미의 인디언이나 남미의 잉카인들이 이룩해 놓은 문명이 서구에 의해 산산조각 나는 과정이 본문과 똑같았기 때문이다. 서구는 인류사의 거대한 거인들을 거의 다 쓰러뜨렸다. 그리고 거인들의 땅을 식민지로 삼아 일괄적으로 자신의 종교를 심고 금을 캐갔다.

나는 제3세계를 주로 여행한다. 대부분, 거인들이 쓰러졌던 자리다. 그 폐허를 보는 일은 쓰라리다. 하지만 그 자리엔 여전히 '작은 거인'들이 살고 있다. 아파도 울지 않는 아이들과 비바람에도 굴하지 않는 어른들. 인류사 속에서 진짜 거인들은 여러 차례 쓰러졌지만, 이 작은 거인들은 결코 쓰러진 적이 없다. 희망을 잃은 적도 없다. 그들은 오늘도 진짜 거인들처럼, 온몸에 생의 흔적을 새기며 살아간다.

타이손은 필리핀 소년이다. 올해 만 열셋이 되었다. 처음 만난 것은 5년 전이었다. 그해 남편은 회사를 그만두었고 우리 가족은 통장잔고를 탈탈 털어 여행을 떠났는데, 필리핀의 한적한 바닷가 마을에서 타이손을 만났던 것이다. 타이손은 어부의 칠남매 중 다섯째였다. 여섯째와 일곱째 동생은 아이를 못 낳는 삼촌네 주었기 때문에, 막내와 다름없었다.

타이손의 아버지 번은 아주 작은 보트를 지니고 있었다. 그 말인즉, 타이손네가 가난한 바닷가 마을에서도 가난한 축에 속한다는 뜻이다. 다행히 번은 영어를 잘해서 때때로 여행자들에게 주변을 안내해주고 돈을 받았다. 고기를 낚는 것보다는 짭짤한 수입이었다. 번은 막둥이 타이손을 유난히 예뻐해서 어디든 데리고 다녔다. 우리에게 주변을 안내해줄 때도 마찬가지였다. 한 살 터울 타이손과 중빈은 금세 친구가 되었다.

그 마을에는 우리 가족이 좋아할 만한 모든 것이 있었다. 산호와 맹그로브 숲, 숨 막히는 노을, 그럭저럭 시원한 맥주를 파는 구멍가게, 고작 2만 원에 바다를 한눈에 차지하는 숙소까지.

우리는 해마다 갈 수 있든 없든 일단 가장 저렴한 필리핀행 비행기표를 예약해두었다. 가면 제일 먼저 타이손을 찾았다. 가끔 만나도, 중빈과 타이손은 매일 놀던 아이들처럼 깔깔대며 모래놀이를 했다. 빗속에서도 월척을 낚거나 함정을 파놓고 데굴데굴 구르며 좋아했다. 어느덧 우리가 매년 그곳에 가는 이유는 '타이손'

이 되었다.

재작년이었다. 여느 때처럼 도착하자마자 타이손을 찾았더니, 타이손의 얼굴이 어두웠다. 엄마 때문이었다. 그녀는 원래 고혈압 환자였는데, 매일 복용하는 약이 떨어졌다고 한다. 워낙 교통이 좋지 않은 곳이라 약을 사려면 멀리 시내까지 나가야 했다. 번은 시내에 일이 있을 때 한꺼번에 필요한 물품을 구입할 생각이었을 것이다. 깡촌에서는 다 그러니까. 차일피일하는 사이, 그녀가 뇌출혈로 쓰러졌다. 이제 그녀는 종일 드러누워서 빨대로 음식을 삼키고 있었다. 당연히 재활치료 같은 건 생각도 할 수 없었다. 하지만 번은 열대지방 특유의 낙천성으로 허허 웃으며 말했다.

"오케이. 오케이. 아내는 괜찮아요."

타이손에겐 엄마의 손길이 닿지 않는 흔적이 역력했다. 낡은 셔츠 여기저기 구멍이 나 있었다. 팔꿈치에도 발에도 아물지 않는 상처가 바닷물에 부풀었다. 나는 타이손의 상처에 약을 발라주고 여행용 구급약을 통째로 안겼다. 여느 해보다 오래, 자주 안아주었다.

그때부터 우리 가족은 종종 걱정스럽게 묻곤 했다. 타이손 엄마는 잘 있을까?

올봄, 타이손을 만나러 갔다. 역시나 동네 아이들에게 "타이손 못 봤니?"부터 물었다. 놀고 있던 아이들 사이에서 타이손이 '나 여기 있잖아요!' 하는 표정으로 생글거리며 튀어나왔다. 나는 멈칫했다. 타이손을 단번에 못 찾아낸 이유가 있었다. 중빈과 타이손은 이제 '똑같은' 어린이가 아니었다. 매일 우유를 1리터씩 먹는 중빈은 어느새 형인 타이손보다 한 뼘도 넘게 키가 컸다. 밥만 간신히 먹을 뿐인 타이손은 여전히 야위고 작았다. 중빈의 안경은 두터워졌고 읽는 책도 두터워졌는데, 타이손은 5년 전과 다름없이 뛰어놀고 있었다. 그 마을도 타이손도 몇 년째 시간이 멈춘 것 같았다.

숨길 수 없이, 두 아이의 성장은 더 이상 평등하지 않았다. 유년의 천진함 속에 가려져 있던 환경적 차이들이 어느덧 청소년이 되어가는 두 아이의 몸에 깃들어 완전히 다른 분위기를 만들어내고 있었다. 그것은 묘한 슬픔을 안겨주었다. 유년이 사라지면서 무한한 생의 가능성들도 잔인하게 소멸되는 것. 나란히 손을 잡고 걷던 두 존재가 거역할 수 없는 운명의 갈림길에서 멀어지는 것을 보는 것.

"엄마는 어떻게 되셨니?"

타이손은 아빠 번처럼 대답했다.

"오케이. 오케이. 엄마는 좋아요."

누워만 있던 엄마는 이제 앉을 수 있게 되었다고 했다. 타이손의 얼굴이 한결 밝았다. 셔츠에 구멍도 보이지 않았다. 대신 어깨의 봉재선이 세 가지 서로 다른 실로 기워져 있었다. 엄마의 솜씨가 그때그때 발휘되고 있다는 증거였다.

다음 날 번의 보트를 타고 인근 무인도에 놀러 갔다. 번의 보트는 여전히 가장 작고 낡은 것 가운데 하나였다. 번은 우리를 섬에 내려놓고 점심을 준비하러 집으로 돌아갔다.

"아임 더 마더. 아임 더 파더."

몸이 불편한 아내 대신 혼자 다섯 아이 엄마 노릇까지 하자니 벅차단 이야기였다. 남편과 나는 크게 공감하며 고개를 끄덕였다. 걱정 말고 천천히 오라며 번을 보냈다.

넷은 일제히 물속으로 뛰어들었다. 도시에서 온 사람 셋은 스노클링 장비를 착용하고, 바다소년 타이손은 맨몸으로. 바닷속은 아름다웠다. 곳곳에서 열대어 떼가 거대한 꽃봉오리처럼 입을 벌렸다. 꽃봉오리 속으로 들어가면 물고기들이 순순히 나를 무리에 끼워주었다. 무리를 따라 몸을 틀고 뒤집는 동안 또 다른 열대어 무리들이 지나갔다. 다시 그쪽 무리로 옮겨 들어가면 역시나 관대하게 길이 열리며 내게 가운데 자리를 내어주었다.

문득, 돌아보았을 때 거대한 산호가 있었다. 지름 1.5미터는 족히 될, 수면 가까이까지 우뚝 솟아 황금색으로 빛나는 산호였다. 거기 타이손이 있었다. 아아. 나는 소리 내어 감탄했다. 이제껏 바닷속에서 보았던 그 어떤 장면보다 아름다운 장면이 펼쳐졌던 것이다.

타이손이 산호 위에서 춤을 추고 있었다. 내겐 물속으로 들어온 타이손의 가녀린 다리만 보였다. 검게 그을리고 군살 없는 두 다리. 그것은 '군더더기 없는' 주변 자연물과 완벽히 조화로웠다.

타이손은 자유롭게 탭댄싱했다. 점프했다. 제자리 달리기했다. 그 모든 즉흥동작들이 발레리나의 춤처럼 우아했다. 오랜 시간 반복되어 숙련된 동작에서만 나오는 유연함이 있었다. 타이손의 낡은 바지마저 물결 따라 너울너울 춤을 추는 해초 같았다. 거미줄의 거미처럼, 연못 위 소금쟁이처럼, 밤하늘의 별처럼, 황금 산호 위의 검은 다리는 거기서 춤추기 위해 태어난 듯 아름다웠다.

정오의 태양이 예리한 각도로 빛을 쏘았으나, 빛은 물을 통과하면서 영사기의 그것처럼 아련하고 은은해졌다. 나는 영사기가 보여주는 특별한 영화, 인간의 오래된 춤, 줄기찬 생명의 리듬, 그러나 문명사의 어느 골목에서 잃어버린 순정한 유희, 그 기쁨 어린 몸짓을, 소파에 앉아 자녀들의 어린 시절 영상을 돌려보는 노인이라도 된 것처럼 향수 어린 감동 속에서 바라보았다.

무심코 타이손의 왼쪽 엄지발톱이 눈에 들었다. 아아. 이번엔 감탄이 아니라 탄식이었다. 심하게 비틀려 있었다. 타이손의 몸에는 크고 작은 흉터들이 많았다. 발톱 또한 흉터가 생긴 과정과 비슷하게 비틀렸을 것이다. 참 많이 아팠겠구나. 참 많이 울었겠구나. 너는 이다지도 많은 고통 속에서 벼려졌구나. 네 비틀린 발톱 속엔 진실로 많은 이야기가 들어 있구나. 폭풍우 치는 밤이, 해파리의 공격이, 앓는 엄마가, 얄팍한 배움의 학교와 지금 너를 춤추게 하는, 네게만 들리고 내겐 들리지 않는 자연의 음악이…….

나는 오랫동안 타이손 곁을 맴돌았다. 아치볼드가 거인의 피부에 새겨진 문신에 매혹되었듯이, 발톱에 새겨진 이야기들에 매혹된 채로. 자분자분 발톱이 들려주는 이야기를 듣고 나니 전날 아이들 무리 속에서 타이손을 찾아냈을 때 느꼈던 '묘한 슬픔'이 사라졌다. 거역할 수 없는 운명 속으로 뚜벅뚜벅 걸어들어가는 타이손의 발은, 비틀린 발톱으로 장전된 강인한 발인 것이다. 그래, 너는 씩씩하게 해낼 거야. 그 무엇에도 굴하지 않는 작은 거인이니까.

잠시 후, 중빈이 산호로 왔다. 아이들은 함께 산호 위에서 춤을 추었다. 중빈의 하얀 다리와 타이손의 검은 다리가 선명한 대조를 이뤘다. 중빈의 엉성한 스텝과 타이손의 우아한 스텝도 선명한 대조를 이뤘다. 이제 알 수 있었다. 중빈은 아치볼드처럼 배운 만큼 수첩에 기록할 뿐이다. 타이손은 거인들처럼 배운 만큼 몸에 새길 뿐이다.

나는 둘의 진실한 교류가 결코 배반으로 끝나지 않는 다음 세상을 꿈꿨다.

행복은 흙투성이 연꽃

이기적인 거인

오스카 와일드 지음

"그러니까 행복은
진흙 속에서 피는 연꽃인 것 같아.
통제할 수 없는 일들이 계속 벌어지고,
거기서 벗어나는 동안
인생이 진짜로 성숙하는 거지."

크고 아름다운 정원이 있었다. 마을 아이들은 정원에서 행복하게 놀았다. 아이들의 웃음소리에 맞춰 새와 나비들이 춤을 추었다. 어느 날 이 정원의 주인이 돌아왔다. 아이들을 싫어하는 거인이었다. 거인은 고함을 쳐 아이들을 겁주고 쫓아냈다. 정원 둘레에 담을 쌓은 뒤 출입금지 팻말을 걸었다.

이상한 일이었다. 아이들이 사라진 정원엔 더 이상 봄이 오지 않

았다. 꽃도 나비도 사라졌다. 눈과 찬바람뿐이었다. 정원은 몹시 흉해졌다.

그러던 어느 날, 담 아래 작은 구멍으로 아이들이 숨어 들어왔다. 아이들을 따라 봄도 들어왔다. 다시금 꽃이 피고 새들이 노래하기 시작했다. 거인은 스스로 담장을 허물고 팻말을 뽑아버렸다. 아이들이 노는 곳이 세상에서 가장 아름다운 곳임을 깨달았던 것이다. 거인은 이제 외롭지 않았다. 함께하는 기쁨을 알게 되었으므로.

『이기적인 거인』 이야기는 남녀노소를 불문하고 누구나 한 번쯤 접해보았을 것이다. 그런데 이 이야기의 저자가 누구인지 아는 사람은 의외로 많지 않다. 오스카 와일드. 그는 흔히 뛰어난 극작가이자 소설가로 알려져 있지만, 뛰어난 동화작가이기도 했다. (가난한 이들에게 보석을 나누어준 『행복한 왕자』 역시 그의 작품이다.)

그는 한여름에도 모피코트를 입고 해바라기를 옷깃에 꽂고 다니던 탐미주의자였다. 젊은 영혼들은 탐미주의자에게 쉽게 매료되는 법. 나 또한 이십대에 그의 말을 책상머리에 써붙여놓았었다.

우리는 모두 진흙탕에서 허우적대지.
하지만 이 가운데 몇몇은 밤하늘의 별들을 바라본다네.

탐미주의자다운 탐스러운 말이다. 탐미주의자들은 '예술을 위한 예술'을 부르짖었으므로 당연히 그들의 행복은 밤하늘의 별에 있었다. 그러나 책상에 그 말을 붙여놓았던 때로부터 어언 20년, 이제 나는 행복이 진흙탕 속에 있다는 것을 안다. 함께 부대끼는 생의 애환 속에. 그래서 더더욱 오스카 와일드가 『이기적인 거인』과 같은 동화를 썼다는 사실이 새삼 놀랍다. 탐미주의자이면서 동시에 '함께하는 기쁨'을 노래했다는 것이. 현실 속에서는 이 둘을 함께 병행하기가 쉽지 않다. 잘 꾸며놓은 집 안에 아이 둘만 풀어놓아보면 무슨 뜻인지 금방 알 수 있을 것이다. 그래서 대부분의 사람들은 둘 중 하나의 길만 걷는다.

A는 탐미주의자다. 오스카 와일드 같은 예술가만이 탐미주의자가 되는 건 아니다. 그녀는 회사원인데, 그녀의 라이프 스타일이 탐미주의자의 그것과 닮아 있다. 예를 들어, 그녀는 오감을 만족시킬 수 있는 장소를 좋아한다. 파스타를 먹으러 가서도, 파스

타가 맛이 있어도, 벽을 장식한 그림이 삼류면 안타까워한다. 뭐든 가장 최고급을 좇는 속물이란 뜻은 아니다. 고급이 안 되니 아류라도 흉내 내는 소위 된장녀란 뜻도 아니다. 그녀는 자신이 버는 한도 내에서, 자신이 아는 한도 내에서, 자신이 속한 부류 내에서 최선을 다해 최상의 감각을 추구할 뿐이다. 일종의 성취이고 성실함이다.

회사일도 그렇게 한다. 당연히 맡은 일을 나무랄 데 없이 해낸다. 집도 –월급이 허락하는 한도 내에서– 멋지게 꾸며놓았다. 6개월 할부로 끊은 앤티크 핸드메이드 테이블을 거실 중앙에 놓고, 3개월 할부로 끊은 영국산 티팟에 차를 우리며 대화를 한다. 대화를 할 때는 상대가 어떤 책을 읽고 어떤 영화를 보고 어떤 음반을 들었는가가 주된 화제다. 영화나 책 모두 지적이고 감각적인 텍스트를 선호하지만, 질펀하거나 육중한 내용은 좋아하지 않는다. 주제보다는 문체를, 내용보다는 미장센을 중시한다. 그녀에게 스타일은 사람됨보다 중요하다. 아니, 스타일이 곧 사람됨이다.

B는 탐미주의자가 아니다. 그녀는 내가 '탐미'자만 꺼내도 '대체 사는 데 그런 게 뭔 해당이여?' 반문할 것이다. 늦지도 빠르지도 않은 나이에 결혼해서, 십대 후반에 접어든 쌍둥이 딸들이 있다.

쥐꼬리보다 조금 큰 월급을 가져다주는 남편도 있다. 딸들이 학교에 간 시간에는 조합으로 운영되는 식료품점에 나가 아르바이트를 한다. B에게는 여권이 없다. 해외여행은커녕 제주도 정도만 가도 물갈이를 하는지 복통으로 잠을 설친다. 그녀는 말하곤 한다.

"나한텐 집이 최고여."

B는 화장을 하지 않는다. 화장을 하면 어딘가 모르게 이상해 보이는 것 같아 후다닥 비비크림 정도만 바르고 외출한다. 옷 입는 법도 도통 모른다. 때로 빨래가 밀리면 –땅속에 파묻힌 좀비가 뛰쳐나오듯– 25년 전 대학교 때 MT 기념으로 만든 '과티'가 외출복으로 출현한다. 그래도 홈쇼핑으로 충동구매 한 옷을 그녀에게 넘기는 친구도 있고, 그녀 또한 주는 대로 잘 걸치고 다니므로 옷 때문에 고민해본 적은 없다. 쌍둥이 딸들도 그렇게 남들이 주는 옷을 입혀 키웠다.

그녀는 사람 만나는 것을 좋아한다. 늘 사람들에게 둘러싸여 있다. 사람들을 불러다 밥해 먹이는 것을 좋아하고, 우르르 몰려 문화센터로 강의 들으러 가는 것도 좋아한다. 새로운 것을 배우는 건 언제나 즐거운 자극이 된다. 새로운 배움을 위해 모임도 후딱 잘 만든다. 어느 해는 주말 독서모임을 주야장천 하더니, 어느 해인가는 침술모임을 만들어 장렬히 서로 찔러댔다.

몇 명에게 둘러싸여 있든지 간에 그녀가 있는 곳은 분명히 찾을 수 있다. 그녀의 목청이 기차 화통처럼 크기 때문이다. 커다란 목청으로 화제를 주도하거나, 아니면 다른 사람의 이야기에 '그렇지! 그렇지!' 크게 장단을 맞추고 있기 일쑤이기 때문이다.

A는 때로 미치기 직전이 된다. 촌스럽게 차린 사람을 상대할 때, 비위생적인 장소에 들어설 때, 빨리빨리 말귀 못 알아듣는 부하직원을 다룰 때 그렇게 된다. 물론 세상엔 촌스러운 사람도, 비위생적인 장소도, 말귀를 못 알아듣는 사람도 많다. 그래서 그녀는 자주 미치기 직전이 된다.

그럴 때마다 그녀를 달래주는 사람은 남편이다. 남편과 만난 지 어언 14년이 되었다. 결혼식 없이 혼인신고만 했다. 2세는 생각하지 않는다. 아기들이란 위생과 거리가 먼 존재들일 뿐 아니라 말귀를 알아듣는 건 생각할 수도 없고 엄마들을 완전 촌닭으로 만들어버리니까. 탐미주의자인 그녀에겐 과히 천적과 같은 존재라 할 수 있을 것이다. 그녀는 종종 말하곤 한다.

"난 말야, 엄마가 되면 무진장 요구가 많은 엄마가 될 것 같아. 될 때까지 밀어붙이는 거지. 그래서 아예 갖지 않기로 한 거야."

그녀의 남편은 심미안을 지녔다. 매우 깔끔하고 -술에 취했을 때를 빼면– 광속으로 말귀를 알아듣는다. 게다가 그녀의 상처를 푸근하게 감싸 안는다. 바로 그녀의 어린 시절 말이다.

A의 아버지는 그녀를 데리고 재혼했다. 새어머니 역시 아들이 하나 있었다. 그럭저럭 몇 년 살다가 아버지는 또 다른 여자에게로 갔다. 그녀를 새어머니 아래에 두고. 대신 아버지는 넉넉한 생활비를 새어머니에게 보냈다. 새어머니는 성격이 원만한 분이어서 그녀를 구박하거나 하지는 않았다. 그렇다고 자신의 아들처럼 사랑하지도 않았다. A는 언제나 예쁘고 착한 딸이어야 했다. 절대로 눈 밖에 나서는 안 되었다. 그것이 스스로 선택한 생존전략이었다. 그녀는 극도로 성실했고 극도로 성취 지향적이었다. 덕분에 모범적인 방식으로 졸업하고 취업했다. 그리고 기다렸다는 듯이 그 엉성한 가족으로부터 도망쳐 나와 연락을 끊었다.

어린 시절의 상처는 그녀가 남자를 고르는 데 있어 분명한 지침을 주었다. A는 이미 20대에 남자에 대한 세 가지 기준을 확립했다. 저녁 시간을 함께 보낼 수 있는 직업을 지닐 것. 예술적이며 여성적인 감수성이 있을 것. 화목한 집안에서 자랐으되 대단한 집안은 아닐 것. 그 정도면 그녀가 선택할 수 있고, 사랑할 수 있고, 그녀를 최적으로 보살펴 줄 수 있는 조건 같았다. 남들이 한창 '사랑학개론'을 실전에 적용하며 허우적대는 스물일곱에 A는 세 가지

조건을 딱 충족시키는 남자를 찾아 동거에 들어갔다.

과연 남편은 그녀의 상처를 마음으로부터 안았다. 가정에 대해 눈곱만큼도 환상이 없는 그녀에게 결혼식과 출산을 재촉하지도 않았다. 대신 둘은 충실히 '스타일'이란 자녀를 키웠다. 서로에게 희귀 음반을 구해다주고 전집에서 빠진 목록을 채워주었다. 기념일에는 눈치껏 상대방이 자주 들여다보는 쇼핑몰에 들어가 장바구니에 담아놓은 아이템을 세련되게 포장해 안겨주었다. 나는 그들이 14년 내내 여느 커플처럼 물고 뜯고 싸웠다는 이야기를 들어본 적이 없다. 무언가에 합의를 보지 못했다는 이야기도 들어본 적이 없다. 언제나 우아하고 호흡이 잘 맞는 커플이었다.

B에게는 관여할 사건사고가 많았다. 언제나 많은 사람들 속에 둘러싸여 있다보니 당연한 일이었다. 이웃 친구의 고부 갈등, 후배의 이혼 문제, 사촌동생의 육아 고민 등, 밥 먹듯이 문제를 마주하고 머리를 맞댔다. 큰 문제든 작은 문제든 벌떡 일어나 덤벼들었다. 쉽게 해결되지 않을 때는 심봉사가 심청이 동냥젖을 구하듯, 여기저기 대책을 구하러 다녔다. 대책이 손에 쥐어지면 행동력 있게 밀어붙였다. 그러하니 사람들은 문제가 생기면 그녀부터 찾았다. 그녀는 '돈 안 되는' 일들로 늘 바빴다. 동네 상담사이자 해결

사였다.

그녀에게는 늘 쿰쿰한 냄새가 났다. 막 먼지가 일어난 비포장 도로에 서 있을 때 나는 냄새와 흡사했다. 나는 그녀가 없을 때에도 쿰쿰한 냄새가 나면 뒤돌아보곤 한다. 그것은 누군가 땀을 내 살아가고 있다는 기분 좋은 후각적 징표이기 때문이다.

내가 B의 집에 들를 때마다 설거지가 깔끔하게 되어 있었던 적은 거의 없었다. 재활용 쓰레기도 툭하면 요일을 놓쳐 안 그래도 좁은 집 한구석에 쓰레기봉투가 쌓이곤 했다. 가사를 처리하는 그녀의 방식은 둘 중 하나였다. 게으르거나 자유롭거나. 그녀는 먼지뭉치 사이를 요령껏 디디며 태평하게 말했다.

"안 그래도 살다보면 힘줘야 할 때가 많은데, 청소 같은 것까지 일일이 힘주며 사는 건 어리석은 일이여."

가사처럼 육아도 자유방임이었다. 딸들이 무언가를 요청하면 판단에 앞서 수용했다. 자신은 딸들에게 아무것도 요구하지 않았다. 사람들은 그녀의 통 큰 육아방식에 감동을 받으면서도 한편으론 우려했다. 그런데 그 딸들이 사춘기에 이르자 우려의 말들이 사라졌다. 부모 자식이 원수가 된다는 그 시기에 그들은 그 어느 때보다 평화로웠던 것이다. 지금도 딸들은 중요한 선택을 내릴 때마다 가장 먼저 B에게 달려와 알려준다. B는 무조건적으로 딸들의 선택을 지지한다. 딸들이 열 번 선택하면 열 번 지지하고, 열 번 취소하면 또 열 번 지지한다. '바보 같은' 엄마 노릇은 드물게 돈독한 '친구 같은' 모녀관계를 선사했다.

이십대의 A는 신선했다. 이십대로서는 드물게 자신이 통제할 수 있는 요소와 없는 요소를 분명히 알고 있었다. 그녀는 반드시 부대끼지 않을 만큼만 일을 벌였고 그래서 크게 부대끼지 않으며 살았다. 회사 일을 처리하듯 삶을 처리한다는 것은 젊은 사람으로서는 보기 드문 능력이었다. 나는 그녀의 현명함을 존경했다.

삼십대를 넘기면서부터 신선함은 조금씩 퇴색되기 시작했다. A는 그대로였다. 회사업무에 변화가 있었을 뿐, 새로운 사람이나 모임이 없었다. 삶의 폭이 똑같았다. 그 안에서 약간의 스타일리쉬한 변형만이 있었다. 분양받은 아파트의 인테리어가 바뀌고, 차가 SUV에서 세단으로 바뀌고, 압구정동에서 청담동으로 노는 물이 바뀌었다. 질곡이 새로 더해지지 않는 생은 깔끔했다. 그러나 두께도 생기지 않았다. 두툼해지지 않는 생은 봇물처럼 새 물길을 트지도 않았다. A는 변함없이 새 책의 세련된 문체에 대해서, 새 영화의 미장센에 대해서 이야기했다. 정체된 물처럼 고요히 제자리를 맴돌았다.

나는 그때 —우리가 진흙탕에서 흔히 그러하듯— 한창 손에 흙을 묻히고 있었다. 모성의 환희에 가슴 벅찬 밤을 보냈고, 그 고된 과업에 뼈마디가 부서질 것 같았다. 부부관계에서 오는 애증의 교착 상태에서 비명을 질렀다. 와장창 실수를 하고 스스로 머리를 쥐어박았다. 삶 안에서 싫은 것과 동거하는 법을 배웠다. 어느 모로 보나 나는 상큼하지 않은 삼십대 중반이었다. 내게는 조금씩 묵은 된장내가 나기 시작했다. 유독 땀내와 체취가 진해지는 시기였다.

A에게는 줄곧 아무런 냄새가 없었다. 땀이나 체취 대신 화장품 회사가 입혀준 향기가 있었다. 오스카 와일드가 말한 별빛처럼 '반짝이는 스타일'이 있었다. 그녀는 계속 거기에 있었다. 우왕좌왕하지 않는 곳에. 어쨌든 나는 생을 붙들고 육탄전 중이었으므로, 별빛처럼 고고한 그녀가 부럽지 않았다면 거짓말이다.

하지만 그즈음부터였을 것이다. 부지불식간에 그녀와의 만남을 미루기 시작했다. 피치 못할 이유가 생길 때도 있었지만, 만남이 우선순위에서 밀리는 것은 자명했다. 만남에도 생명이 있다면 우리의 그것은 점점 탄력과 생기를 잃고 있었다. 향기는 된장 냄새가 힘들었을 것이다. 진흙투성이는 먼지 한 톨 없는 스타일리스트가 힘들었을 것이다. 속 좁은 나는, 과연 이유식을 만들어놓고 아이 봐줄 사람을 불러다놓고 엉엉 우는 아이를 떼어놓고서 땀을 비질비질 흘리며 청담동에 등장하는 것이 과연 내게 꼭 필요한 일인가 자문하게 되었다. A는 딱 한 번 우리 집에 왔었고, 아이 울음소리와 대화를 섞는 건 한 번으로 족하다고 선언했다. 나는 그녀를 보며 모든 게 '통제 가능한 상태'야말로 '인간적인 것에서 매우 멀어진 상태'가 아닐까 하는 의문을 가졌다. 만남은 뜸해졌다.

B를 미치게 만드는 것은 착해빠진 남편이다. 아이들에게나 아내에게나 나무랄 데 없이 다정한 사람인데 툭하면 보증을 선다. 남편의 월급이 쥐꼬리보다는 크다는 사실은 이미 밝혀두었지만, 쥐꼬리가 아니라 세상에서 가장 큰 짐승꼬리라 해도 그가 보증으로 낸 구멍을 막아낼 재간은 없었을 것이다. 살 만하다 싶으면 생활은 다시 진흙탕이 되었다. 제아무리 벌떡 일어나 대책을 강구해도 결론은 빤한 수학이었다. 마이너스.

결혼생활에 있어서 배우자의 한 가지 결점이 두드러지면 처음엔 그것이 그저 한 가지 결점으로 보인다. 그러나 그 결점이 자꾸 통제 불능으로 반복되면 그 사람 전체가 그 결점 덩어리로 보인다. 나아가 그의 인간됨 자체가 부실해 보이고, 더 나아가 그를 그렇게 키운 그의 부모가 싫어진다. 점차 가족모임에 참석하는 것도 싫어진다. 그런 식으로 문제가 자꾸 확장된다. 종내는 '그 결점'이 눈에 보이지 않을 때조차 생활 전반에 그것과 관련된 단초들이 좌르륵 깔려 연동하게 된다. 구제할 길 없이 불행한 결혼생활이 되는 것이다.

B의 결혼생활은 불행해졌다. 최근 그녀의 남편이 돌이킬 수 없이 또 한 번의 사고를 쳤기 때문이다. 그녀는 지금부터 죽을 때까지 해묵은 '과티'만 입고 다닌대도 절대 갚지 못할 빚더미에 앉았다. 착해빠진 남편은 유구무언, 눈물만 뚝뚝 흘렸다.

B를 위로하러 찾아갔다. 예상대로 그녀는 수척해졌다. 어떤 시간을 보냈을지 짐작이 갔다. 우리가 진흙탕에서 흔히 그러하듯, 보나마나 손에 더러운 흙을 묻혔겠지. 애증의 교착 상태에서 비명도 질렀겠지. 지긋지긋하도록 싫은 걸 끌어안을까 버릴까 수만 번 갈등했겠지. 그녀가 삶과 벌였을 격렬한 육탄전은 그녀를 부쩍 나이 들어 보이게 했다. 쿰쿰함은 고뇌의 깊이를 입어 더 두툼해졌다. 그녀를 손가락으로 찍어 맛볼 수 있다면, 틀림없이 묵은 된장처럼 진한 맛이 날 것 같았다.

잠시 오스카 와일드에 대한 이야기로 돌아가보자. 그는 파리의 생제르맹에 있는 한 호텔에서 죽음을 맞이했다. 임종을 앞두고,

그가 가장 견딜 수 없었던 건 벽지의 '무늬'였다.

"나는 지금 벽지와 결투를 벌이고 있어. 우리 둘 중 하나는 가야 돼."

그것이 그가 남긴 마지막 유언이었다.

오랜만에 A를 만났다. A에게선 여전히 먼지 한 톨 일지 않는 진공상태가 계속되고 있었다. 그녀는 마흔을 넘기자 부쩍 출산에 대한 생각이 바뀌지 않았냐고 묻는 사람들이 많아졌다면서 힘주어 말했다.

"난 지금이 아주 만족스러워. 계속 이대로 살면서 사람들에게 증명해 보일 거야. 이런 식으로도 얼마든지 행복할 수 있다고."

옳은 말이다. 모든 여자가 아이를 낳을 필요는 없다. 엄마가 된다고 무조건 행복해지는 것도 아니다. 그러나 짚고 넘어갈 것이 있다. 진짜 행복한 사람은 자신의 행복을 증명해 보일 필요가 없다는 것. 진정한 행복은 누구라도, 꼭꼭 감춰놓아도, 알아볼 수 있기 때문이다. 애써 힘주어 행복을 증명하고 싶은 상태는 오히려 그 반대에 가까운 상태일지도 모른다.

어쨌거나, 내가 분명히 아는 것은 한 가지뿐이었다. 그 어떤 행복도 먼지 한 톨 안 묻은 스타일리쉬한 옷을 입고 있진 않다는 것.

다시 만났을 때, B는 저돌적으로 대책 마련에 부심하고 있었다. 그녀는 내게 고안해낸 모든 대책에 대해 언급했다. 새로운 일자리를 구한다, 적금을 깬다, 학원을 줄인다……. 대책들을 모조리 현실화한다 해도 어차피 능력 밖의 금액이었다. 하지만 능력 안에서 해볼 수 있는 최대한에 대한 이야기였다.

이야기 끝에 그녀는 지금의 남편 말고 이러이러한 남자를 만났으면 좋았을 걸 하는 푸념을 늘어놓았다. 그런데 우연히도 '이러이러한 남자'는 상당 부분 A의 남편과 닮아 있었다. 그래서 나는 B에게 내가 오랜 시간 동안 만나온 한 사람의 이야기를 들려주었다. 그 사람의 유년의 고통과, 그로써 우왕좌왕하지 않을 수 있었던 이십대의 지혜와, 통제 가능한 것들로만 선별된 삼십대와, 땀내 없는 진공상태의 사십대에 대해서. 더는 역경을 들이지 않기로 작정하고, 그래서 역경을 넘어선 눈물이 말라붙은 상태에 대해서.

"…… 정말 놀라운 건, 아름다운 것으로만 채워놓으니 더 이상 아름답지 않다는 거야."

B는 크게 고개를 끄덕이며 들었다. 나는 평소에 해왔던 생각을

덧붙였다.

이십대에는 스타일에 충실한 시기이다. 집으로 치자면 집의 외관을 고르는 시기이기 때문이다. 원하는 스타일을 위해 과감하게 덤비거나 방향을 선회할 필요가 있다. 삼십대에는 땀을 내 벽돌을 찍고 쌓는 시기이다. 지금 쌓아 올리는 집이 자신이 골랐던 외관을 갖추게 되길 기대하면서. 사십대에는 대략적인 집의 형상이 보인다. 막상 생각했던 외관과 다를 수 있다. 우리는 신이 아니므로, 십중팔구 다를 것이다. 그래도 변함없는 소중함으로 대해야 한다. 인내와 수용이 필수적이다. 오십대 이후부터는 집을 완성한다. 마당에 나무를 심고 텃밭을 가꾼다. 이웃과 공유하고 연대한다. 연장자들은 마을을 어떻게 꾸릴까 혜안을 모으고, 젊은이들은 완성된 집 안에서 자신만의 새로운 집을 또 꿈꾼다.

그리고 한숨처럼 말했다.

“휴……, 그러니까 행복은 진흙 속에서 피는 연꽃인 것 같아. 통제할 수 없는 일들이 계속 벌어지고, 거기서 벗어나는 동안 인생이 진짜로 성숙하는 거지.”

진심이었다. B를 위로하기 위해 지어낸 말이 아니었다. 그런데 B가 갑자기 위로 받은 얼굴이 되었다. 그러고는 특유의 활달함으로 기차 화통 같은 목청을 세웠다.

“아니, 왜 행복은 진흙 속에 핀 연꽃이고 지랄이야? 왜 꼭 그렇게 어려워야 되는 거야?! 난 이제 그만 성숙하고 싶은데 증말!! 내가 못 살아 증말!!”

내가 보고 싶은 세상

나는 달랄이야! 너는?

오소희 지음

"동화란,
다만 우리가 '보고 싶은 세상'에 대한
기록인지도 모른다."

통과 아농은 라오스의 고아 소년들이다. 동냥밥을 먹으며 공원에서 생활한다. 종종 건너편 사원에 있는 예비 스님 파가 소년들에게 필요한 것을 챙겨주곤 한다. 아농은 이제 열두 살. 제법 가슴팍이 커졌다. 계절이나 바람 같은 것으로부터 눈치껏 사는 법을 배우고 있지만 그것만으론 역부족이다. 동네 아이들이 학교에 가는 것을 바라볼 때마다 마음이 초조해진다.

어느 비 오는 날, 통과 아농은 밥을 구걸하는 데 실패한다. 그런데 근처 식당에서 일하는 소녀 너이가 그들을 초대해 정성스럽게 밥을 대접한다. 너이는 소년들과 마찬가지로 고아 신세이다. 얼마 전부터 삼촌 식당에서 더부살이를 하고 있다. 사실 아농은 너이를 남몰래 좋아해왔다. 그래서 통이 거지티를 있는 대로 내며 개처럼 접시를 핥았을 때, 부끄럽고 못마땅해 테이블 밑으로 정강이를 걷어찬다. 통이 접시를 떨어뜨린다.

외출에서 돌아온 삼촌이 깨어진 접시를 본다. 그는 거지를 불러들였다며 너이를 다그친다. 아농은 너이를 감싸기 위해 자신이 '돈이 있으니 밥을 달라고 거짓말을 했다'고 한다. 삼촌은 너이로 하여금 빗자루로 소년들을 쫓게 한다. 소년들은 밖으로 밀려나 욕설과 빗물에 젖는다. 그렇게 우기가 시작된다. 비 때문에 동냥도 쉽지 않지만, 그날 이후 아농은 차라리 굶는 편이 마음 편하다.

비가 잠깐 그친 오후, 너이가 아농을 찾아온다. 지난 일에 대한 사과와 고마움의 의미로 주먹밥과 편지를 전한다. 아농은 곧바로 사원으로 간다. 예비 스님 파에게 글을 가르쳐 달라고 한다. 파가 그 이유를 궁금해 하자, 아농은 읽어야 할 편지가 생겼다고 한다.

"왜 직접 읽고 싶은 거니?"

아농은 뜨거운 고개를 쳐들어 파의 눈을 바라보았다. 그 이유라면 분명했다.

"저는…… 거지이지만…… 그래서 제가 무얼 먹는지, 어디서 자는지…… 사람들이 다 볼 수 있지만…… 이건 저 혼자서만 보고 싶어요. 얻어먹고, 얻어 입고, 얻어 자지만, 얻어 읽고 싶지 않아요."

파는 고개를 끄덕였다.

"…… 그래. 무슨 말인지 알겠다. 좋아. 내가 글을 가르쳐 주마. (……) 그런데 아농, 알고 있니?"

"뭘요?"

"조금 전 네가 한 이야기는 굉장히 중요한 거란다. 더는 공짜로 얻고 싶지 않은 마음, 스스로 해 내고 싶은 마음 말이야."

아농은 잘 이해되지 않는다는 듯 고개를 갸웃했다. 오랜만에 모습을 드러낸 태양만큼이나, 파가 아농을 향해 따사로운 미소를 지었다.

"무슨 뜻인지 곧 알게 될 거야."

『나는 달랄이야! 너는?』, 오소희 지음, 김효은 그림, 토토북

아농은 사원의 뒤뜰로 가 혼자서 편지를 펴본다. 예쁜 글씨다.

아농은 내용을 짐작해본다.

미안해.
그날 거짓말을 해서.
빗자루를 들고 쫓아서.
미안해.
하지만 '어쩔 수 없었어.'

어서 글을 배울 것이다. 이렇게 쓸 것이다.

괜찮아.
다 알고 있어.
세상의 '어쩔 수 없는 것들'에 대해
난 이미 잘 알고 있어.
부모님이 돌아가시는 것처럼
옷이 작아지는 것처럼
구걸하기 싫지만 다시 배가 고파지는 것처럼
어쩔 수 없는 것들에 대해
너무나 잘 알고 있어.

그래도 어쩔 수 없는 것들 가운데 한두 가지는
용기를 내 바꿀 수 있다고 생각해.
이 편지처럼
네게 편지를 쓰기 위해 내가 글을 배우는 것처럼.
그러니 너도 힘들 때마다 희망을 잃지 마.

나는 좀 모자란 사람이다. 절대로 현실이 될 수 없는 공상에 종종 빠지곤 한다. 이루어질 수 없다는 것을 잘 알면서도, 혹시 이렇게 하면 되지 않을까? 아니, 저렇게 하면 되지 않을까? 끈덕지게 방법을 강구한다. 그 가운데 가장 빈번한 공상이 바로 여행 중 만났던 아이들을 입양해서 함께 사는 것이다. 하나뿐인 아들도 감당 못 할 때가 있는 주제에 감히.

나는 항상 현지인들을 '만나는' 여행을 한다. 현지인들이 자는 곳에서 자고, 현지인들이 먹는 음식을 먹고, 현지인들이 이용하는 대중교통을 이용한다. 게다가 아들을 데리고 여행하다보니 가는 곳마다 현지의 아이들과 어울려 놀게 된다. 줄곧 빈곤한 제3세계를 여행하기 때문에 우리와 함께 노는 아이들 가운데에는 고아도 있고 거지도 있고 에이즈 환자도 있다. 고아이고 거지이며 동시에 에이즈 환자인 아이도 있다.

그래서…… 작별 인사를 할 때 어떤 아이는 내게 묻는다.

"내가 당신을 따라가면 안 돼?"

나 역시 목젖까지 뜨끈하게 올라온 질문을 삼킬 때가 있다.

'너, 아줌마랑 같이 갈래?'

이별이 욱신거려서 운 적도 부지기수다.

그런데 나는 번번이 내 아이만 잘 먹고 잘 사는 이곳으로 데리고 온다. 그리고 이곳에서 고기를 굽거나, 꼭 필요하지도 않은 립스틱을 사거나, 아이가 한 페이지만 쓰고 내버린 공책을 볼 때마다, 골똘히 공상에 빠져드는 것이다. 내가 입양하고 싶은 아이들을 우리 집 안방에 데려다놓고 따뜻한 밥을 지어 배불리 먹이는 장면을. 그리고 이불을 몽땅 꺼내 방바닥에서 함께 뒹굴며 그동안 어떻게 지냈는지 이야기하는 장면을. 지금까지 입양하고 싶었던 아이들 모두가 눕기엔 우리 집 안방이 너무 작지만…… 말이다.

어쩌면 아이들은 나를 잊었는지도 모른다. 그들은 이곳과 저곳의 차이를, 그로써 뒤바뀔 수 있는 삶의 가능성을 가늠할 수 없기 때문이다. 그러나 나는 그들을 잊을 수가 없다. 이곳과 저곳의 차이를, 그로써 가능해지거나 불가능해지는 삶의 가능성을 속속들이 가늠할 수 있기 때문이다.

그래서 계속했다. 그들에게 적절한 영양, 의료, 교육, 사랑이 주어지는 공상을. 공상 속에서 아이들은 그 '모든 것'을 수혜 받고 저마다 자신들의 역량껏 –마땅히 세상의 모든 아이들에게 그 권리가 주어져야 하는 것처럼– 생을 펼쳤다.

여행이 계속되면서, 공상은 조금씩 성장하기 시작했다. 입양보다 실현 가능한 이야기로. 아이들을 단번에 시련에서 구해내는 것은 그야말로 공상 속에서나 가능하다는 걸 절감했기 때문이다. 아이들에게는 좀 더 조직적이고 장기적인 도움이 필요했다. 나는 현실 속에서 아이들을 후원할 수 있는 방법을 찾기 시작했다.

한편, 아이들은 나에게 보여주었다. 그들만의 놀라운 자생력을. 그들은 시련 속에서도 반드시 행복 한 조각을 찾아내 웃을 줄 알았다. 꿈도 한 조각씩 찾아내 가슴에 품고 있었다. 공상은 이제 '모든 것'을 다루지 않게 되었다. '한 조각'의 희망을 다뤘다.

예를 들어 이런 식이었다. 라오스에서 만난 통과 아농은 실제로 공원에서 살며 동냥밥으로 연명하는 소년들이었다. 내가 이 소년들과 밥을 먹기 위해 식당에 들어갔을 때, 식당에서 일하는 소녀는 굳이 불쾌한 내색을 감추지 않았다. 거지를 손님으로 대접하는 게 싫었던 것이다. 나는 소년들이 갑자기 부잣집 양아들이 된다거나 학교에 다니게 된다거나 하는 공상 대신, 그 소녀와 아농이 서로를 이해하고 호감을 가지게 되는 과정을 상상했다. 작은 것들끼리 서로 돕고, 한 조각의 희망을 연대하는 이야기를 말이다.

이야기는 점점 살이 붙고 구체적이 되었다. 그리고 라오스에서 만난 통과 아농뿐 아니라, 우간다에서 만난 바바라, 아마존에서 만난 뚜미 등 점점 주인공의 수를 늘려갔다. 나는 이야기들을 적기 시작했다. 그것은 내가 마음뿐이었을 뿐 실제로 아이들에게 해주지 못하는 것에 대해, 혹은 해줄 수 있었으나 질끈 눈감아버린 것에 대해 용서를 구하고 미안함을 표현하는 방식이었다. 또한 다시 만날 수 없는 아이들의 안녕을 기원하는 기도이기도 했다. 그렇게 제3세계에서 내가 만난 아이들을 주인공으로 한 동화책이 한 권 탄생했다.

『나는 달랄이야! 너는?』은 분명 이 책에 선별된 불후의 명작들과 이름을 나란히 할 동화가 아니다. 그걸 빤히 알면서도 -모자란 사람답게- 내 안에는 책에 대한 평가를 마치 거기 등장하는 주인공들에 대한 평가로 받아들이는, 그러니까 아농과 바바라와 뚜미가 다른 명작 속에 나오는 주인공 아이들보다 대체 못한 게 뭐냐고 따지고 드는 무식한 일면이 있다. 아이들 이야기만 나오면 앞뒤 안 재고 감싸고 도는 무식한 엄마로서의 일면이. 나는 그 일면을 드러내기를 주저하지 않는다. 내가 그 아이들을 만났을 때, 그들은 세상의 모든 위험에 벌거숭이가 되어 노출되어 있었는데, 정작 자신들을 감싸주는 누군가가 없었기 때문이다.

사람들은 점점 더 아름다운 것들을 찾는다. 맛있고 질 좋고 재미있는 것들을 찾는다. 점점 더 불운하고 더럽고 아픈 아이들에게 관심을 갖지 않는다. 그래서 기회가 있을 때마다 나는 주책없이 한 걸음 나서고 본다.

이 아이들이 누군가의 눈에 띄었으면 좋겠다. 이 아이들의 이름이 누군가의 음성으로 불렸으면 좋겠다. 그래서 이 아이들도 꽃이 되었으면 좋겠다. 이 아이들은 상상의 잔여물이 아니다. 실존하는 아이들이다. 똑같이 사랑받기 위해 태어났다. 그런데 자꾸 묻혀진다. 자꾸 잊혀진다…….

밝혔듯이, 나는 좀 모자란 사람이다. 그래서 보다 많은 곳으로 발품을 팔며 다닐 수밖에 없다. 더디게 공상을 수정할 수밖에 없다. 하지만 이토록 모자란 사람조차 결국은 알아간다. '모든 것'의 희망은 멀지만 '한 조각'의 희망은 가깝다는 것. 언제라도, 누구에게라도, 한 조각씩은 가능하다는 것.

동화란, 다만 우리가 '보고 싶은 세상'에 대한 기록인지도 모른다. 한 조각의 희망들이 손잡고 풀처럼 대지를 뒤덮는 세상, 내가 보고 싶은 세상은 그런 세상이다.

어린 왕자와
길을 걷다

1판 1쇄 2013년 12월 16일
1판 2쇄 2014년 1월 14일

지은이 오소희
펴낸이 김정순
기획 이미아
책임편집 한아름
일러스트 강준석
디자인 김수진
마케팅 김보미 임정진 전선경

펴낸곳 (주)북하우스퍼블리셔스
출판등록 1997년 9월 23일 제406-2003-055호
주소 121-840 서울특별시 마포구 양화로 12길 24(서교동 선진빌딩) 6층
전화번호 02-3144-3123
팩스 02-3144-3121
전자우편 editor@bookhouse.co.kr
홈페이지 www.bookhouse.co.kr

ISBN 978-89-5605-700-2 03810

이 도서의 국립중앙도서관 출판시도서목록(CIP)은 서지정보유통지원시스템
홈페이지(http://seoji.nl.go.kr)와 국가자료공동목록시스템(http://www.nl.go.kr/kolisnet)에서
이용하실 수 있습니다. (CIP 제어번호 : CIP 2013024545)